The Quine who does The Strip at Inverurie

Songs, Poems and Stories
from
The Torry Quine

JUNE IMRAY

Wellwood Publishing

First Published 2001
by Wellwood Publishing

Copyright © June Imray

The right of June Imray to be identified as the author of this work has been asserted by her in accordance with the Copyright, Designs and Patents Act 1988

All Rights Reserved. No part of this work may be reproduced or stored in an information retrieval system, or transmitted in any form or by any means without the express permission of the Publisher given in writing.

ISBN 0-9541458-0-1

Design, Illustration and Layout by Leroidesign,
Peterculter, Aberdeenshire

Printed by The Cromwell Press, Melksham, Wiltshire.

WEB SITE: www.torryquine.com

To our granddaughter Abigail
and
our 'special' son Sorin
With Love

Acknowledgements

Most of the poems, apart from the new material, were performed and broadcast on Grampian Television.

'The Quine who does the Strip at Inverurie' was first performed and broadcast on Grampian Television.

The rest of the songs were written for my two LP's, (now a compilation CD), and performed in stage shows.

I have updated and revised the Ida Smith stories, which originally appeared in the Evening Express.

'Bad Day at Baillieston' was short-leeted for the Macallan/Scotland on Sunday Short Story competition in 1993 and thereafter broadcast by BBC Radio Scotland.

Introduction

I have been threatening to produce this book since someone stopped me in Union Street and asked me if I had published my poems. That was about 20 years ago - obviously I don't do anything in a hurry.

Then last year, two events occurred, my son produced my original LP's as a compilation CD, which a new generation seems to like, and my daughter helped me to make habitable a room used for storing junk. She ended up with three box files, which she labelled, June's Stories, More of June's Stories and Even More of June's Stories!

I realised I either had to chuck the lot or do something with them. So, finally this year, I galvanised myself into action and here is the result.

In most of what you read you will probably hear the voice of a wee Torry Quine who used to be sent out to Dora's chipper on a Thursday night, (pay night), for 5 fish suppers, and who spent the time waiting for the chips to fry, listening to the mannies and wifies claiking in the queue. Or who, as the eldest in the family, had the task of tearing up Vickie Road on a Sunday morning for a dozen of Aitken's steaming hot rolls, and again nosied about in the inevitable queue, lapping up the newsies of the adults. Or the kid down in the backie air raid shelter, teeth a-chatter and ears agog soaking up reassurance from the grownups as they tried to pretend everything was normal.

You will certainly get a dose of the sense of humour that I inherited from the Imray family. My Uncle Freddy, and my Aunties, Muriel and Marion are the last of the old brigade but they can still make me laugh, and you could always be sure of a laugh in the Imray household.

And finally you will probably hear the echoes of the student shows I took part in at Aberdeen University, the finest training ground for anyone with any pretensions to comedy!

Happy Days!

I hope you enjoy reading the book as much as I have enjoyed writing it.

PS, I should point out that Dora's Fish Suppers and Aitken's Rowies are responsible for the fine figure of a woman that I am today!

I wrote this one afternoon standing at the kitchen sink washing up the dishes. Gerry, my husband and my best pal, who has been a captive audience for the past 37 years, wasn't allowed to sit down for his tea until I had 'performed' it for him.

The man must have a cast-iron stomach!

*I wrote the song apropos of nothing, as is the case with most of what I have written. However, it subsequently appeared on my first LP and became a favourite request on Jimmy Macgregor's BBC radio programme.
I was absolutely bowled over one day to receive a phone call from the late Jimmy Logan's father, Jack Short, who told me it was one of the best Scottish Music Hall songs he had ever heard. What a lovely thing to say and how nice of him to take the trouble. Needless to say I was very chuffed.*

*I have never, by the way, performed this song as an actual strip. The reason why is perhaps best illustrated by the occasion when a friend of mine was walking behind me one day in Union Street.
On catching up with me he observed, "Bonny face, shame about the bum!"*

But for an accident of nature I could have been the Gypsy Rose Lee of Torry.

The Quine who does the Strip at Inverurie
(To the tune, very, very loosely - of
'The Man who broke the Bank at Monte Carlo')

Oh I'm nae Brigitte Bardot and I'm nae Sophia Loren
Miss United Kingdom? Oh no, Ye're wrang again.
And I'm nae Prince Charles's girlfriend, or even Miss Grumpian,
I'm the Quine who does the Strip at Inverurie.

Oh I used tae operate a loom at Richard's Factory
I liked it fine enough but it jist wisna right for me
Wi' my figure and my looks and my personality,
I wis born tae dee the Strip at Inverurie.

I taen a bussie tae the Castlegate one day tae see the sights,
A mannie says, "Hey darlin', Wid ye like tae hit the heights?
Oh ye're wasted in a factr'y, I can pit yer name in lights."
So I signed tae dee the Strip at Inverurie.

Then I met a Texas Millionaire, he swept me aff m' feet.
He gave me furs and diamonds, and a shop in Union Street.
Oh he winted me tae mairry him, but ~ I found I couldna dee't
Cos I wid miss the fun I hae at Inverurie.

Oh they phoned me up fae Grumpian, they said, "We'll do a deal.
Dee North Tonight for £20 ~ and a lovely canteen meal."
Though I couldna spik for laughin' I says, "Hey min, di' be feel,
I strip for £80 at Inverurie."

Oh I think I'll still be at it even when I'm old and grey
I winna gie up strippin', till they carry me away.
When I reach the pearly gates at last, I'll be really proud tae say:
"I'm the Quine who did the Strip at Inverurie."

Grunny's Bucket

Ida Smith met Betty Clark one mornin' in the Green.
Says Ida Smith tae Betty Clark: "Ye ken far I've jist been?

I've been roon at Bobby's Grunny's, Oh what a state she's in.
Wid you believe that someb'dy went and pinched her rubbish bin?!!

She bought it on a Monday - spleet new and pinted black.
They delivered it on Tuesday and she put it roon the back.

On Wednesday morning sharp, at nine, she his a cup o' tea,
Tak's a lookie at the P&J and then comes roon tae me.

She's jist aboot gan oot the door fan she minds aboot her bin.
"They're sure tae hae it emptied now - I'd better tak' it in."

So she waalks along the lobby and she opens up the door -
the pavement's standin' empty - the bucket is no more!!

She come roon tae me in floods o' tears - "Oh Ida - it's awa'!"
Well I thought she meant her budgie - it's nae been weel at a'.

I says, "Grunny fits the maitter?" She says, "M' rubbish bin's been took."
I says. "Nae yer brand new bucket?" She says, "Aye, I've hid a look.

I've hunted up and doon the street and roon the back ana',
but I canna find it nae place, m' bin's been taen awa' "

Well I jist aboot went through the roof, I says, "Grunny leave't tae me.
I'm gan doon tae see the Bobbies and we'll see fit they can dee."

So I marches doon tae Lodge Walk and I asks tae see the Boss -
He says, "Ida fits awrang wi' ye. Hiv ye hid some grievous loss?"

I says, "Dinna you get chiky and prepare tae tak this doon -
OOR GRUNNY HID HER BUCKET PINCHED - EARLY THIS
FORENOON."

He says, "Hiv you gone roon the twist? Hiv I nae mair adee
than tae hunt aroon for buckets - an' me Chief o' CID?!!"

I says, "Di' you get big wi' me - I mind fin you wis three
an' you and a' yer faim'ly bade across the road fae me.

You wis heided for Craiginches ye wis sic a blimin' feel -
so dinna come the bug wi' me - COS I KEN YOU TOO WEEL"

He says, "Look, I'm up tae here in work, but I tell ye fit I'll dee.
I'll pit my best man on it. Now awa' and let me be."

So in comes 'is little bobby and tak's oot his little book -
"Now about this missing bin", he says, "Can you tell me how it
looked?"

I says, "Like ony ither bin - ye can see them ony day -
it wis black and hid a handle - now fit mair is there tae say?!"

He says, "That wont assist me much," an' his face starts lookin'
glum.
I says, "Well, loon, for fit it's worth - it wis aluminium."

Ye'd have thocht he'd heard fae Sunty. He jist wint o'er the
moon,
an' off he goes like Sherlock Holmes tae question half the toon.

Well me, I heids for Grunny's, an' I've jist got aff the bus,
fin I see 'is crowd aroon her door, an' I says, "Fits a' the fuss?"

Then up pipes Mr Barclay, 'ats him fae up the stair,
he says, "I wint roon tae number thirty, cos I thocht I'd find it
there,

Thon chiky kids o' Lizzie's had teen it for a laugh -
But di' you worry Grunny, cos I seen tell't them aff.

I says, "Wait till I get huds o' them, they've jist gone o'er the score
They've got me black affronted, I'll be feart tae cross the door.

There's half the Lodge Walk bobbies oot lookin' for that bin.
If they come across een like it, they'll be haulin' someb'dy in.

So Betty dee's a favour till they start on somethin' new,
I'm hidin' fae the bobbies - can I come and bide wi' you???"

Aiberdeen Ole
(to the tune of Viva Espana)

*Di' ging doon the Riviera
We've got a' ye need an' mair - a
Fortnight here is really rare - a'
Ye need's in Aiberdeen*

Come yer holidays tae Aiberdeen
Ye winna regret it
Cos onyb'dy that's iver been
Says they winna forget it
Since the ilemen started comin' in
They've bought half the toon
So be sure yer purse is really full
Cos they charges ye the moon.

Oh fin you come up tae Aiberdeen
Ye must see the Coopie
It's the worstest sight ye've iver seen
A great monster shoppie.
Oh yer feart tae death fin you're inside
It's like Peterheid jail
But if ye spend enough at ivry till
They let ye oot on bail.

Pey a visit tae the Brig o' Don
Ye'll really admire it
But di' pit yer sweemin' costume on
Cos ye winna require it
Oh the waater's nae jist affa waarm
An' it's filthy as well
So pit yer hunky roon aboot yer nose
Cos ye'll niver stand the smell.

Dinna miss the beach at Aiberdeen
Cos it's one in a million
We've a half a dizen ice-cream caffs
An' a lovely Pavilion

We've some swings an' a little Tennis Court
And a big Carnival
But be sure tae keep yer jerseys on
Cos it's aywis freezin' caul'.

I dinna wint tae pit ye'se aff a
Fortnight on the Costa Brava
But come tae us ye'll ayewis have a
Smashin' time in Aiberdeen

(We've got a Harbour, a Fish Market, a Jail, a University, Marks & Spencers, British Home Stores and hunners an' hunners o' roses. Eat yer heart out Monte Carlo!!)

Ida and the Burns Supper

Moira come roon last night, 'at's Jackie's latest. Ye ken Jackie, m'one and only offspring.

It nearly put me aff my fish and chips watchin' her pick at a'thing wi' her purple nails. Howiver, I'll say this for her, she fairly keeps the conversation goin'.

"Ye set a rare table Mrs Smith, affa genteel, but of course I really shouldna be here", she says, "M'Ma's haein' a Burns Supper."

Well 'at made Bobby prick up his ears, he's affa keen on a bittie o' culture, as lang as it disna involve him.

"Far aboot?", he says, obviously imaginin' that they'd hired the Duthie Park restaurant for the occasion.

"Oh, jist in the hoose", she says, "She's made it really bonny. She couldna get a photie o' Burns so she's got Mel Gibson in Braveheart sittin' up o'er the muntlepiece, wi' a' the vases filled wi' plastic heather. She's made a tartan tablecloth and she's got a Marks and Spencer's cake that says, 'Happy Birthday, Sunshine', wi' a set o' miniature bagpipes next tae a thistle. It's really brilliant. It mak's ye proud tae be an Aiberdonian.

"It's gan tae be a rare night. M' Da's invited 20 guys aff his ile rig and fin they come in the door they're a' gettin' paper Tam o' Shanter's tae pit on their heids."

"'At sounds great", I says, lyin' in my teeth, "And I suppose she's got her huggis fae Asda?"

"Oh, gads, no!" she says, curlin' up her mou', "Naeb'dy eats 'at, it's really boggin'. No, m' Ma's made piles o' pizzas wi' mince and skirly toppings." She beamed roon the table, as if she wis the culinary adviser tae Delia Smith.

I nearly choked on my mealie puddin' but I recovered m'sel' before I had a chunce tae couk, and I says, sarcastic like, "Well, 'at sounds like a first", I says. "Fa's she got tae address the pizza?" (thinkin' that wid really pit a pipe in her mou.)

"Oh, she says, deid serious like she wis discussin' the casting for East Enders. "She tried tae get Jimmy Spunkie but he wis already booked so m' Da's deein' it."

Well, ye could've heard a chip fry. There wis deid silence for aboot thirty seconds, and I really tried tae keep my mou' shut, but I kent I'd niver get peace tae enjoy my fish and puddin' supper so I finally says' "Fit's he gan tae say?"

I kent I shoudna have asked because that put her in full flow. "Well, it's really smashin', Mrs Smith, he wis up a' night writing it. Jist listen tae this.

"Oh Pizza wi' the bonny face,
Ye mind me o' my Untie Grace,
So now wi' gie ye pride o' place
In memr'y o' wir Bard.

He wid've thought it really rare
If he had tasted you in Ayr
But there wisna nae deliveries there
Because the times wis hard.

But now, because of North Sea oil,
For which my pals and me div toil
Right here upon oor native soil
We welcome you the day.

So let us a' dig in and eat
Yer flavour wid be hard tae beat,
We'll gie oor Rab a birthday treat
The real Italian way!"

"Dis that nae bring a lump tae yer throat?" trilled Moira.

Well right enough, there wis a lump in m' gullet but it turned oot tae be a bit o' undigested batter, otherwise Moira's rendition left me totally unmoved.

Bobby of course, is a hale different kettle o' fish. He wis absolutely mesmerised.

" 'At's jist fabby", he says, "yer ma's got some great ideas."

"I ken", she says, tossin' her ginger pony tail, "M' Ma's really rare. Ken far's she's takin' us for wir holidays? She's booked Africa for a fortnight. She says we'll get mair sun there than in Benidorm".

Well, I thought tae m'sel', Africa must be really chuffed. But Bobby's nae as cynical as me. He wis suitably impressed.

"Is 'at a fact?" he says, " 'At's fantastic 'at. I really admire 'at. Of couse, tae be honest, it widna dee for me. I'd be nae use amongst 'a them lions. I canna even stand next door's cat. And div ony o' them spik English? I mean, is it possible tae hae a newsie wi' a Zulu?"

I nearly pointed oot that he'd be in good company, because he disna spik English either. Howiver, in 30 years wi' Bobby I've learned one really valuable lesson. Keep yer mou' shut.

"No", he continues, lickin' the tomato sauce aff his knife, "I'm plannin' somethin' mair traditional. I'm gan tae Stonehaven. They've got some smashin' pubs there and ye meet some really classy folk at the open air sweemin' pool. I eence seen Alec Ferguson deein' a double somersault aff the divin' board. Magic, jist magic."

Well I nearly had a jamaica.

"Fit div ye mean we're gaun tae Stonehaven for wir holidays? " 'At's the first I've heard aboot it."

"Oh", he says, a' innocent like. "Did I nae tell ye? A guy at the works got a caravan in the park there, he says we can get it cheap for a fortnight."

"I dinna even care if he's peyin' ye tae babysit it. If you think that I'm gan tae spend my annual break fryin' chips for you and yer pals, 16 miles fae my ain doorstep, ye've got anither think comin'."

Bobby's lower lip dropped two inches and he put on a look like a wounded calfie. "Ida, I canna keep up wi' you. Last year ye kept moanin' that I niver took ye nae place."

" 'At's right", I says, "But fin I wis doon in the backie takin' in my washin' in the bucketin' rain and dreamin' aboot sunnier climes, I wisna exactly contemplatin' a fortnight on the rocks at Stonehaven!"

Well, of course 'at started a bosker o' a row. Jackie and Moira vanished, presumably tae gatecrash the Pizza party, Bobby wint oot in a huff and I ended up watchin' Coronation Street.

Bobby come in two 'oors later, flushed wi beer and salted peanuts and ready tae mak' up.

"I tell ye fit", he says, his airms outstretched in a grand conciliatory gesture, "Fit aboot a bed and breakfast in Buckie?"

I tell't him tae get lost, or words tae that effect, and phoned m' Grunny in Mastrick. I'm gan tae spend my two wiks holiday wi' her.

Her sink's different fae mine!

Untie Jean's Frock

Ida Smith met Betty Clark at the top o' Market Street
Says Ida Smith, "Could ye go a fly? I'm jist ca'ed aff m' feet.

I've been rakin' a' roon Markies for a frock for Untie Jean,
The een she's got is 10 year aul' and it's jist aboot near deen.

The hem's a' doon, the colour's run, 'ere's a hole across the chest.
Ivry time she tak's a breath ye can see her kakhi vest.

Her shoes are jist aboot as bad, they're lettin' in the weet,
They've got string instead o' laces, an' they're o'er big for her feet.

She's got a pair o' stockin's that she bought afore the War
She darns them ivry fortnight - now is that nae gan too far?

Her hair - ye widna credit it - it's doon aboot her knees
She ties it up wi' bits o' wool, an' I'm sure its full o' fleas!

Her hoose is like a midden - ye've niver seen the like
Ye canna get inside the door for this roosty, three-wheeled bike.

Her kitchen cupboard's full o' stuff she bought wi' ration books
'Ere's tins o' Spam that's 6ft high, an' of course she niver cooks.

She lives on tattie crisps and beans, an' bits o' jammy breid
She's hid nithin' else since D Day - it's a win'er she's nae deid.

I blame it on the War m'sel', she's niver been the same
Since they bombed her hoose in Menzies Road and killed her budgie, Mame.

And of course she got stood up ana', she got an affa shock
Her lad ran aff wi' a reid-haired Waaf that he met on Plymouth Rock.

She jist went a' demented - she did nithin' else but greet,
Her Ma had a' her claes t' dry - they were ayewis soakin' weet.

So 'ats fits wrang wi' Untie Jean - she's the victim o' Romance
Her hert got smashed tae smithereens - she niver had a chance.

They put her on some tablets but they didna seem tae work
She's been seen by umpteen doctors but she's left them in the dark.

So we a' jist dee the best we can and try tae keep her right
But she's drivin' me aroon the twist - she wanders oot at night.

She's up and doon Victoria Road, lookin' for her lad,
The Bobbies hiv tae tak' her hame and they're gettin' really mad.

We thought she'd hae tae ging awa', we'd a nursin' home a' picked
Then she met this guy in Woolies and it looks as though they've clicked.

They're gettin' mairried in July - they've got themsel's a flat
She's asked me tae be bridesmaid and I've had tae buy a hat.

Of course it's bound tae end in tears - he must be really feel,
She niver lifts a duster, and she canna cook a meal.

He disna ken fit like she is - its got me worried sick
Bobby's bet a fiver that it winna last a wik!

But there ye are - fit can ye dee? She's a problem we've tae thole
An' ye canna help but like her - she's jist a dear aul' soul

So come on and hae a cup o' tea and then we'll look inside
For a floory frock for Untie Jean - fit for a blushing bride.

The Café Quine's Lament
(to the tune of My Favourite Things)

Work in a café is nae very funny
'S affa lang 'oors an' it's affa poor money
I widna be here if I hid ony sinse
I'm up tae my elba's in tatties an' mince
Fin the beef's aff
An' the soup's caul'
An' we're oot o' cheese
I gings tae my boss an' says "Gie me my cards
Oh dee me a favour .... PLEASE!"

M' Ma says "Yer feel, oh fit's wrang wi' ye Mary?
Yer heid's needin' lookin' - yer too airy fairy.
Yer heid's full o' rubbish ye get oot o' books."
But I'm sick o' the comp'ny o' cleaners an' cooks
Fin my back hurts
An' m' feet's sair
An' I'm seein' reid
I says, "Somebody please tak' me oot o' this place
Afore I ging aff my heid."

I ging for a dunce on my evenin's aff
The Palais is rare on a Friday night
I meets a' m' pals an' we hae a laugh
I dinna ging hame till I'm feelin' tight

Once I got aff wi' a lang distance driver
I kint he wis rich 'cos his meal cost a fiver
He winted tae meet me at Holburn Junction
But I couldna go - we wis haein' a function
Wi' yer high teas
An' yer hot chips
An' yer greasy pie
If 'is is fit life in a café's aboot, it's time that we said - GOODBYE!

Now I am mairriet an' I've got a bairn
We hinna a hoose so m' ma an' me's sharin'
She dis the cleanin' an' I cook the meals
I'll hae tae get oot 'cos it's drivin' me feel
Fin the bairn greets
An' m' man bawls
An' they start tae deeve
I says, "Let me get back tae my wonderful caff
Fit wye did I iver leave?"

Ida's Diet

Betty baked a fruit cake and asked Ida Smith tae try it.
Says Ida Smith, "I'd better nae - I'm on a six month diet.

Ken 'is it's really murder, I'm nae allowed nae breid,
An' tatties darena pass m' mou' - I might as well be deid!

They've hidden a' the sweeties - 'at's right - 'at's nae a lee.
I'm dyin' for a biscuit or a rowie wi' m' tea.

I widna care, I'm nae that bad - ye widna ca' me fat.
If I pit my lacin' corsets on - I can get as thin as 'at!

It's o'er the heid's o' Sally this, she's jist gone slimmin' mad.
She says, "Oh Ida help me oot. I'm gettin' really bad.

M' hips is up tae 38 an' I've got a double chin.
Come on we'll start a diet and we'll baith get really thin."

Well I wisna keen I tell ye. Well, fit diff'rince dis it mak?
I mean, once ye get past 40, the clock'll nae ging back.

But Sally she's determined - Oh Betty what a case!
She's sellt her tumble drier tae get surg'ry on 'er face!

They're gan tae cut the wrinkles oot an' the bags aneeth her een.
I says, "Yer heid needs lookin' - can ye nae get 'at bit deen?"

She says, "Ida, you're aul' fashioned - 'is is 1996.
'Ere's nithin' wrang wi' naeb'dy that a surgeon couldna fix.

Look at you! Yer hair's a mess, yer claes is oot o' date.
You'd better get yersel in trim afore it gets o'er late."

Well of course 'at made me feel jist great - she hid me near in tears.
I wint hame an' says tae Bobby - "Div you think I look my years?"

Yer middleaged an' overweight - ye ca' look young as weel!"

Well Betty, 'at jist made me mad. I says "What a chik you've got.
You've nae room tae criticise 'cos you di' look sae hot."

So I made m' mind up there an' then, I'd get m'sel' in shape,
Then I'd buy m'sel' some funcie frocks an' jist leave him tae gape.

But oh me, fit an effort - ken it really gets ye doon.
Hey - get oot yer bag o' pandrops - an' we'll really go tae toon!!

Ida and Bobby

This past few days hiv bin like Mrs Dale's Diary. Min' how she used tae start her wikly drama by sayin': "I'm worried about Jim."

I used tae think she wisna wise. I says tae m'sel, Well she's little tae dee wi' her time if a' she's got tae worry aboot is her man! But it's amazin' foo circumstances can change yer mind. Like my Untie Ina used tae say, "Ye should niver get too elated aboot nithin', because ye can bet yer bottom dollar that fit somebody's greetin' aboot the day, you'll be greetin' aboot the morn."

Of course Ina wis an expert on misery. We used tae ca' her Ina the Whiner. Ye niver saw a smile on her face fae one year's end tae the next. Somebody once heard her laughin' and sent for an ambulance because they thought she must've gone aff her heid. Howiver, I'm beginnin' tae think she had the right idea aboot this mortal coil because I'm gettin' jist as feel as Mrs Dale. I'm a' worried aboot Bobby. He's got me driven nearly roon the bend!

It started fairly innocent fin I woke up last Sunday tae find him doon on his han's and knees deein' pressups on the linoleum. Well I wis black affronted because I wis feart the wifie doon the stairs might think we wis gettin' up tae something funny.

I says, "In the name, Bobby, fit on earth are ye up till now!"

The sweat wis drippin' doon intae his lugs and he could hardly spik.

"Dinna annoy me Ida, because I hinna got time tae argue wi' ye", he grunts, "I'm Keepin' Fit, okay?"

"Well, ye could've fooled me!", I says, "Yer face is that reed ye look like a candidate for an emergency operation."

"Very funny. I'll mind you said that fin I'm gettin' ye settled in at the cemetery."

I says, "Look, I ken I'm still half asleep, but could ye maybe tell me fit me getting' beeried has tae dee wi' you heavin' up and doon on the fleer."

Well, I kint I had stumbled across a dangerous situation when I had tae wait five minits for him tae dee ten mair jerks afore I got an answer. Finally he collapsed on the fleer and says between gasps for air, "I wis doon at the pub last night sittin' haein' a quiet newsie wi' Jimmy Clark fin his face wint a' funny and he jist conked oot."

"Unconscious?"

"No. Deid!"

"Jist like 'at?"

"Aye, jist like 'at. He niver even had a chunce tae finish his pint. I'm tellin' you Ida, it shook me rigid, because five minits afore he wis teen, he wis lookin' the picture o' health. Well, his face wis a bit plooky, but he's ayewis been affa scabby. Apart fae that he wis fine.

"Now 'at's teached me a lesson 'at, 'cos fin I think aboot it, he'd only himself tae blame. He led a terrible life, he did a'thing wrang. He smoked like a chimney, he drunk like a fish, he wis an affa man for the weemin, and the only exercise he iver took wis his daily hundred yard walk fae his hoose tae the bookie's.

"What a waste! Well, they're nae getting' me that easy. The Grim Reaper can pit me doon for a later date. I'm getting' m'sel' in shape afore it's too late."

Well, I dinna mind tellin' ye, I wis aghast! Bobby the Blob is jist aboot tholeable. Bobby the Medallion Man disna bear thinkin' aboot!

I says, "Are you for real? There's naebody sorrier than me that Jimmy's awa' because he wis a fine enough mannie. But let's face it Bobby, he wisna exactly struck doon in the first flush o' youth. He wis 85!"

"See, 'at's exactly your problem Ida," he says, getting' up tae dee some lumber stretches. "Ye niver see further than yer nose. You're a prime example o' a short-termist. Me, I tak' the langer view. The point is, if Jimmy had looked efter himsel' he could've lived tae be a hundred.

"He could've had a telegram fae the Queen, a visit fae the Lady Provost and his photie in the Evenin' Express. He might've even got an MBE for sheer perseverance. He's thrown the hale lot awa' through pure neglect.

"Well I'm nae letting' it happen tae me. I'm gan tae tak' care o' m'sel if it kills me!"

Well if ye canna beat them, join them. Fit else could I dee? So for the next seven days I humoured him tae the point o' exhaustion. Ivery mornin' we jogged tae the Bay o' Nigg and on Wednesday we borried twa bikes and set aff for Stonehaven. At the Brig o' Dee we collapsed and a fish lorry teen peety on us and drove us back tae Torry.

We lived on veggies, yoghurt, and bottles o' vitamins. At night we went tae wir beds at 9 o'clock and tossed and turned until sunrise when we got up and did deep breathin' in the backie.

I reckon we wid niver have lived tae tell this tale if it hidna been for Bobby's Ma. She come roon yesterday efterneen tae ask us if we wid look efter her budgie while she wint up tae Inverness tae see her sister.

She teen one look at Bobby and asked me if I'd sent for the doctor. I could see her point. He looked thin and peely wally, and his joints wis that stiff he could hardly walk.

Bobby wis furious. " 'Ere's nithing wrang wi' me, I'm deein' a lot o' exercise tae keep fit."

"Fit for?" she asks.

"So's I can live langer", he says.

"Dinna be feel", she says "Yer granda lived tae be 106 and he niver lifted a finger the hale o' his life. We put his longevity doon tae the fact that he teen a good bucket ivery chunce he could get."

Whereupon Bobby chucked in his fitness regime and, at 6 o'clock sharp, retired tae the pub tae resume his life of dissipation.

I think we can safely say he'll be aroon for a whilie yet!

The Flittin'

Ida Smith met Betty Clark one mornin' in the lobby
Says Ida Smith tae Betty Clark, "I'm awa tae get the Bobby.

We've been shiftin' Muggie Johnson's stuff fae King Street up tae Mastrick
It's drivin' me near roon the bend, it's turnin' oot jist drastic.

Muggie's sittin' greetin' that her stuff's a' bashed tae bits,
My man Bobby's slipped a disc an' the hoose is like the blitz.

I widna care, fit's she tae me? She's neither freen' nor neighbour.
Oh no we jist got intae this tae dee Sally's man a favour.

He's left the North Sea ile rigs now, he's bought himsel' a lorry.
He's shiftin' folk a' o'er the place - tae Garthdee or tae Torry.

He hisna got the first idea - he couldna move a saacer.
I'm tellin' ye it's jist a farce. It couldna get much worser.

First of a' he's jist himsel' he hisna got a mate.
So he says tae Bob, "Wid ye help me oot? I winna keep ye late."

And Bobby, like an idiot says, "Sure I'll help ye oot"
So he gets his tea an' doon he goes, dressed in his Sunday suit.

Well, first, afore they started, they went intae umpteen bars,
By the time they got tae King Street, they wis already seein' stars.

Now, Muggie's flat's right at the top, an' the stairs is jist **this** wide.
Well Betty, I jist teen one look an' says, "Bobby, dinna bide.

You're gan tae get in trouble here - 'is job's too much for you."
But our Hero Bob is too far gone - oh aye, he's fightin' fou.

So up he goes wi' Sally's man, gettin' a' his muscles ready,
An' they start tae tak' the wardrobe doon, wi' Muggie shoutin',
"Steady!"

They got it doon the stairs a' right but they bashed a neighbour's door.
An' there's a great big hole in the wardrobe roof far there wisna een afore.

Next they got doon Meg's settee - oh Betty, what a mess!
They tore the seat on the lobby rail an' it's now two castors less.

Her fridge wis workin' perfect till it fell right doon the stair.
She hid a telly yisterday - but she hisna ony mair.

Bobby stubbed his cigarette on her best reed astrakhan
An' I widna like tae tell ye fit they did wi' her kitchen pan.

They locked her cat inside a trunk. They stood on her doggie's pa'
They dropped her cage on the pavement an' her budgie flew awa'.

Then Muggie screamed, "Get the police. I canna stand nae mair."
Bobby fa's doon in a heap, "Oh no. M' back's a' sair."

Sally's man says, "I'm fed up. Get Pickford's for yer flittin' "
So let the bobbies sort it oot. I'm gan hame tae dee m' knittin'."

Castlegate Ina
(to the tune of Burlington Bertie from Bow)

I'm Castlegate Ina, there's naebody finer
I waalk Union Street dressed in style
The bobbies a' ken me, the toon thinks it ains me,
the Lord Provost gies me a smile.
Oh I di' get conceited at the wye I am treated,
But I like bein' famous, ye jist canna beat it,
I'm a fine quine tho' I hinna a dime,
Still I dinna dee naeb'dy nae hairm,
I'm an Aiberdeen Lassie, I'm poor but I'm classy,
I'm Castlegate Ina ye ken.

I'm Castlegate Ina, I winna deny
a' the things that they say aboot me.
I've been in the papers, the results o' m' capers
Wis instant notoriety.
On a bus I'd nae fare an' tho' I wisna carin'
The conductor says, "AFF", I says, "Hey, Keep yer hair on.
I'm gan hame, so jist tak' m' name
And I'll send ye the money forthwith
He says. "Di' mak me laugh now, come on an' get aff now,
Yer Castlegate Ina I ken."

So they sent for a bobby, syne Baillie McRobbie says,
"Ina this jist winna dee.
Ye've hid umpteen fines, ye've been jailed siven times,
Oh yer deevin' the life oot o' me."
I says, "Sorry yer sick sir, I'll gie you nae mair chik sir,
I'll keep aff the busses an' be good for a wik sir."
The court laughed an' he says, "Yer daft,
But I'll stand ye a pie for yer tea."
I says, "Not on your Nelly - your only a baillie,
But I'm Castlegate Ina, that's me.

Oh it's nae that I'm snobby, but Baillie McRobbie,
I'm Castlegate society.
That's Me!!"

Untie Muggie's Lad

Untie Muggie's got a lad, she met him in Corfu
She disna ken fit job he's got but he's affa 'well - to - do'.

M' faither says he's roon the twist: " 'At laddie's aff his heid."
M' Grunny says, "He's useless, he canna even read."

M' Ma, she cried 'im a'thing, "He's jist a waste o' space,
He canna spik for sliverin' an' it gings a' o'er his face.

His nose is ayewis streamin', an' his mou's a' sair wi' plooks.
It's a myst'ry fit she sees in him, but it's surely nae his looks."

Muggie says, "Well 'is is it. I've found m' perfect mate.
We're getting mairriet Tuesday next. We dinna wint tae wait."

Muggie's ring wis shown aroon an' judgement duly passed:
"It's jist cheap dirt," says Grunny, " 'is affair'll niver last."

Well, Muggie wint ballistic. "Ye've ayewis bin the same,
Ye've rubbished ivry lad I've had - if I'm single you're tae blame.

The first een wis too big for me, the next een wis too sma',
The third een worked in Woolie's an' ye didna like his ma.

The fourth een hid a hairy chest, the fifth een came fae Buckie,
The sixth een wis an only child an' ye said 'at wisna lucky.

Well, I've hid it up tae here wi' you, I di' care fit ye say.
I'm hingin' on tae Costas and we've named wir weddin' day."

Uncle Tam says, "Oh my God, oor Muggie's gan deminted.
He spiks a foreign language and I'm sure his hair is tinted."

Grunny says, "Oh dearie me, - 'is is gone beyond a joke
It looks as though she's serious, I wish I hidna spoke.

G'wa' an pit the kettle on, I'm needin' time tae think,
We'll hae tae pit a stop tae this - it'll drive her Da tae drink."

Now Grunny's pretty fly at times; her heid's screwed on a'right,
She phoned the guy fae Woolies an' she asked him roon 'at night.

"Come in, come in, an' sit ye doon, it's a lang, lang time no see,
I've missed wir little newsies - wid ye like a cup o' tea?

Oor Muggie's fairly missed ye - altho' she'll nae let on,
Ye really taen her funcy - could ye go a soor milk scone?

Oh aye, she hisna been the same since you an' her ca'ed quits,
But she's got yer foties in her room - div ye like the crispy bits?

I've watched 'at lassie pinin', her hairt's been affa sair.
I think it's time you made it up - ye mak' a lovely pair.

And how's yer charmin' mother - still troubled wi' her back?
His she tried some embrocation? - it helped my nephew Jack.

Tell 'er I wis speirin', I hinna seen her for a while,
If she's passin' she can chap me up, - there's tea aye on the bile.

Now you come back on Wi'nsday - 'at's the night that Muggie's roon
Ye'll nae let on I tellt ye - but she'll jist be o'er the moon.

So 'at's why Muggie changed her mind an' Costas got the sack,
An' Muggie did a turnaroon an' teen her aul' lad back.

The weddin's in December - m' Grunny's tickled pink,
" 'Ere's jist one drawback now," she says, an' she gies a little wink,

"His mither's ayewis at my door, she's niver aff the phone,
I wish tae God she'd tak' a hint an' jist leave me alone.

Still, I suppose it's worth it tae get Muggie settled doon,
'Specially wi' a bridegroom that's a strappin' local loon.

Mind you, I quite liked Costas - he'd an affa pleasant laugh,
I wis jist **amazed** fin Muggie said the relationship wis aff.

Of course it's really for the best - I'd have jist gone aff m' heid
If I'd hid tae ging tae Muggie's an' sit doon tae Pitta Breid.

Na, na, she's better aff at hame - 'smair nacheral ye see
We'll get oatcakes, baps an' rowies fin we ging roon for wir tea!!"

'Sno Joke

I ken it's the end o' March but last wik I nearly put oor Christmas tree back up! A great pile o' sna' in the backie had me convinced we wiz still in the deid o' winter. I wiz that cauld I spent the maist o' my time either bla'in' m' nose or pokin' the fire.

Nae that it did me much good. The stuff the coal mannie's bringin' me nowadays is jist a disgrace. It's that smushy it tak's me aboot an 'oor tae light in the mornin's and ye've practically tae sit up the lum afore ye kin feel ony heat.

My pal Sally come roon tae see me and niver teen aff her fur coat a' the time she wiz here because she said she wiz feart she'd get chilblains. 'At's the thing aboot Sally, she can be a right chiky besom fin she feels like it.

She says, "Oh Ida, 'is is murder 'is. The place is like an ice-cream factr'y. Fit wye div ye nae get in central heatin'?", like me and Bobby wiz made o' money!

'At's the ither thing aboot Sally, she's nae wise. She's a total ignoramus when it comes tae the financial facts o' life. She thinks a'body's as loaded as she is. Of course 'ats fit comes o' bein' married tae Money Bags Erroll, him 'at works on an ile rig. Sally's like me, she comes fae nithing, but iver since she got a huds o' Erroll she thinks that ivry time the tide comes in fae the North Sea it deposits ten pound notes on the Beach Boulevard. Howiver I jist ignored her and made her a cup o' tea tae stave aff her hypothermia.

"Well", she says, warmin' her hands at the cup. "I dinna ken how ye can stand it. Look at me, m' hans is nearly blue wi' the cauld, and I've only been here 5 minits. They'll be cartin' the baith o' you aff tae Foresterhill wi' pneumonia if ye dinna watch oot!

"I tell ye fit ye can dee tae get yersel heated up, Me and Erroll's gan awa tae Majorca for Easter, and you and Bobby can come and bide in oor hoose and look efter the kids for us fin we're awa'."

My, but it's wonderful how Sally aye manages tae mak' it sound as though she's deein' ye a favour nae chargin' ye for babysittin'!

Bobby, of course, sulked for 'oors fin I tell't him the news. "Oh, 'at's jist smashin' 'at," he says. "I've got a darts match arranged for Setterday night. It's gan take tak' me ages tae trail a' the wye o'er fae Rubislaw Den tae Torry tae get till't. An' fin I div get there I'll hardly hae ony time left for a drink."

"Oh", I says, "Dinna mak' me feart. D'ye mean ye might actually come hame sober for the first setterday night in 25 years? Hud the front page o' the Press and Journal!"

Bobby finally gave in fin Sally said she wid get her chauffeur tae tak' him tae Torry in time for him tae get a good bucket. Bobby ayewis manages tae get his priorities right!

Friday night seen us safely installed in Sally's hoose wi' her six kids and Honey, her Afghan hound. Sally had naturally forgotten tae tell us that oor babysitting services included ministering tae a canine, and Bobby nearly had a heart attack fin he seen it. He's nae exactly Dr Doolittle is Bobby. He gets feart if a little Scottie barks at him, let alone a great big monster o' a hound that teen an immediate fancy tae him and bounded up tae him for a chew at his leg. I'd tae fill three pots o' tea afore his pulse rate returned tae normal.

In atween times I'm rinnin' aboot like a feel, tryin' tae get a' the kids thegither in one room so's I could ask them fit they were needin' for their tea. The little een wintit a bag o' crisps and an ice lolly, and the rest o' them wintit chicken curry.

I says tae them, "Get real. Fa dae ye think I am, Delia Smith? I dinna ken how tae mak' chicken curry, it tak's me a' my time tae rustle up some mince and tatties."

Bobby wiz horrified. "Oh, gads", he says "I'm nae bidin' here if we've tae eat stuff like 'at. 'At's enough tae gie ye the jandies. Can someb'dy nae ging doon the road for some chips?"

I says, "Bobby. Fit planet are you operatin' on? For the next ten days yer gan tae have tae get used tae the fact that ye're temporarily bidin' in a deprived area. The Ashvale's niver got roon tae openin' up a chipper in Rubislaw Den."

In the end I made a great pile o' stovies which a'body left on their plates as if it wis pizin. The only een that seemed tae appreciate my culinary efforts wiz Honey, the dog, because he finally scoffed the lot. It wiz jist an affa peety that he wiz that nae weel the next day that we had tae tak' him tae the Vet's. Castor ile wiz the only thing that saved him fae bein' put doon.

The rest o' the evening wiz like the Battle o' Bannockburn. Three o' the kids commandeered the telly a' night; in anither corner o' the room the record player wiz goin' full blast; two o' the quines wiz oot in the lobby trying tae knock een anither unconscious wi' karate kicks; the little een kept greetin' for his ma; and Bobby spent the hale time tryin' tae get the dog tae stop suffocatin' him.

On top o' that the hoose wiz like an oven and by ten o'clock I wiz sweatin' that much that m' claes wiz soakin' weet. I wiz jist beginnin' tae think I'd be grey-heided by the end o' the seven days fin in walks Sally and Erroll lookin' tragic.

It turns oot that the mannies at the airport wiz on strike and they couldna get tae Majorca efter ana'. Well, it's an ill wind that disna blaw naebody ony good, an' I wiz really delighted when me and Bobby wiz declared redundant and sent hame.

Fin we got tae oor hoose it wiz like walkin' intae an igloo. It wiz really rare tae get back tae normal!

One of the best things about growing up in Torry was the Torry Picture House or, as we called it, the Torriers.

My dad was paid on a Thursday and our big family treat was to get fish suppers for our tea and then go to the Torriers. Mum and Dad went into the 1s and 3d's, (posh!), and we kids, all went to the ninepennies, which was similarly full of kids, all with their coats at the ready. Why? Well, if there was a scary film on we used to put our coats over our heads during the 'feary' bits.

One of our favourite tricks was to try to cheat the 'Checkers' by sitting through a performance twice. I once managed to see an Audie Murphy film three times before my mother sent my sister to find out where I was.

I remember when wee Vincent Winters, a young Torry loon, was discovered and starred in a film called the Kidnappers with a boy from Monymusk, Jon Whiteley. One Thursday night Vincent, who must have been all of 6 years old, sat two rows behind us in the ninepennies. We were absolutely thrilled to be so near to a real film star!

When I was 17, just before I went to university, I was delighted to get a weekend jobbie as an ice-cream girl at the Odeon Cinema. I got my first taste of the limelight there when I appeared in the spotlight at the interval.

At the Odeon there was one particular old hand at usheretting who was a real tartar and stood no nonsense from anybody, man, woman or child! She is the original of Rita of the Regal.

Incidentally, you know all those stories about the back seat of the cinema? They're absolutely true!

Rita of the Regal

I am the Lady of the Lamp
I shine for you'se tae see.
One flick o' my torch for 50 pence
Two flicks for 80p
Sophia Loren may be your yen
Elizabeth Taylor your passion
But these stars of the screen
You will not be seein'
Unless my light keeps flashin'
I ken my place, I div not intrude
I keep well into the shadow
But if somebody's feet is on a seat
I'm up like Jackie Pallo.
One shine of my torch means - I'm annoyed
Two shines - ye've hid yer warnin'
Three shines o' my torch, the manager comes
an' you're in court in the mornin'.

I've waatched the stars for 40 years
in mystery, love and fable
But right from the start, deep in my heart
I've carried my torch for Gable.
Clark Gable wis the man for me
Ye can keep yer David Niven
The minit that Clark thumped Vivien Leigh

I wis jist in sivinth hivin.
But to be fair I should point oot
That tho' I've enjoyed his comp'ny
Fin it come to romunce he hidna a chunce
Wi' the back row o' the balc'ny
The things I've seen in the Regal staalls
Wid mak' yer hair grow whiter.
I can safely say on a Setterday
My torch shone ten times brighter

But now my battery's growin' dim
I hiv come tae the end o' the aisle
I'm 60 years aul' in a fortnight's time
I must wave goodbye wi' a smile
I'll hiv tae mak' wye for a younger star
For a quine wi' a steadier hand
Fa'll tak' up my torch and lead the queue
Doon intae Cinema Land
My hert is brakin' that I must go, but,
- as I says tae my sister Nellie,
"There's consolation in ivry move - remember
I've aye got the telly."

Lord Kirkhill
(to the tune of London Bridge)

Lord Kirkhill is the Lord o' Torry
Di' tell me that we're nae genteel.
They looked aroon an' says "Fa's worth knightin'?"
So they came tae Torry - oh they wisna feel.

The Heids o' State used tae come fae Eton
But that condition disn' apply nae mair
Lord John's Grunny used tae bide in Seaton
An' John wis born somewye roon aboot there

JOHN! JOHN! I've hid m' fotie tooken
I'm sendin' it tae you because yer so good lookin'

Lord Kirkhill, oh he beats Mick Jagger, Gary Glitter an' Georgie Best
Gie me John wi' his charm an' polish, he'll dee me - ye can keep the rest.
Since John wint doon tae the House o' Lords, Aiberdeen hisna been the same
The men that's left's hardly worth the takin', so I di' ging duncin' I jist bide at hame.

JOHN! JOHN! I used tae see ye waalkin'
Now that you've left Union Street, m' hert's jist brakin'.

Lord Kirkhill is the Lord o' Torry, I pack kippers an' I fillet cod
'Ere's jist nae chunce that I'll iver click wi' him Lords an'
Quinies waalk a different road.

(Niver mind ... 'ere's ayewis Joey Harper

When I was at university I was a member of the dram soc (Dramatic Society for all youse non-thespians!) In one notable Shakespearian production I played a maid, tasked with running on stage to greet my mistress. A fellow student was heard to observe that when I wafted on from stage left, the scenery shook!

This heaviness of foot may account for the fact that I can't dance for toffee. But my lack of terpsichorean skills may also have been the result of my experiences at the famous Madame Murray dancing classes. During these sessions, plooky loons and quines were made to stand opposite one another whilst the boys selected a dancing partner.

Nobody ever chose me.

The psychic injuries thus sustained remained with me all through my university days where my dancing experiences at the weekly 'hops' were equally unsuccessful, miserable and traumatic.

The Ladies Choice is my revenge!!

The Ladies Choice
(to the tune of 'Hey there - You with the Stars in Your Eyes')

Hey there - you wi' the wart on yer nose.
'is is a Ladies Choice now - yer lucky - it's you I've chose.
Hey come on an' get on yer feet, we'll hae a dunce now.
And if you play yer cards a' right - well it's me ye'll tak' hame the night,
Oh I ken ye're a bittie tight -

But still - ye'll dee.

Hey there - you wi' the greasy hair.
Fit did ye say yer name wis? Herbert? Is 'at nae rare!
An' ye work on a Coopie van? Well, 'at's jist smashin'.
Oh aye yer full o' the repartee, yer like Ludovic Kennedy.
Of course, 'at's aye the wye wi' me.

I can really pick 'em!

Hey there - you wi' the wanderin' han's
If 'at's how yer feelin' Herbert, I widna start makin' plans.
If yer thinkin' o' gettin' funny, well, jist forget it.
Because I'm on tae your evil ways - it's nae een o' your lucky days,
Wid ye mind gettin' aff m' taes?

M' feet's a' sair.

Hey there - you wi' the squint in yer eye

Efter we've deen 'is dunce now, Herbert we say goodbye!
Oh it's nae that yer nae good lookin'..........'cos ye arena!
It's jist finiver ye hud m' near - oh I ca' stand the smell o' beer
And the wye that ye lick m' ear

Gies me the jandies!!

Hey there - you wi' the slivery mou'.
It's time you wis gettin' hame now, 'cos hey min, you're really fou.
Tak' yer han' aff m' legs right now 'cos a'b'dy's waatchin'
And will ye stop hudin' me sae tight - Look! My airms is a' turnin' white,
Dis your ma' ken you're oot the night?

Her heid needs lookin'!

Hey there - youse that's a' funcy free.
The next time you're at the Palais, Oh di' be a feel like me.
Di' ging up for a Ladies Choice, 'cos 'at's jist murder.
And if you've heard a word I've said, tak' this warnin' that I've jist made
Oh ye're better tae bide in bed

Than ging oot duncin'!!

Hogmanay

Is this nae affa? Hogmanay, an' niver one first foot.
Is this nae affa? Me, m'sel, an' Hogmanay rinnin' oot.

I've got m' whisky, got m' cake, and m' Jimmy Shand LP.
They're haein' a party up the stair, but naebody's looked near me.

I've cleaned the hoose, an' I've blacked the grate, an' I've waashed the lobby stair.
The place is like a palace now but there's naebody here tae care.

Far's a' the folk that I've helped oot, this year that's jist gone past?
Ye'd think they'd come tae wish me luck - but their memories dinna last.

Midnight come, the bells rang oot, I wis near enough tae greet.
I says tae m'sel' here's a' the best, it looks as though ye'll need't.

I've read the paper end tae end, I've knitted m' fingers sair,
But, och, the time gings by 'at slow, fin naebody else is there.

I'm 'at deid tired, I'm near asleep. I could really go m' bed.
But fa wints tae see the aul' year oot, an' 'A Happy New Year', nae said?

I could murder my pal Muggie Tait. She said that she'd be roon.
I might have kent she widna come - she aye lets a'b'dy doon.

That 14 bussie's passed my door, a dizen times or mair,
But the twinty folk that it let aff, hiv a' gone up the stair.

There's three drunk mannies sittin' doon in the middle o' the street.
If 'at new bobby catches them they'll soon be on their feet.

The wifie Smith across the road is singin'. What a din!
She's surely got her corsets on. She's lookin' affa thin.

This Hogmanays is nae the same as fin I wis a quine.
Oh, fit a time we used tae hae. It wis rare, I mind it fine.

M' Ma an' Da wid gies a tune, m' Uncle Tam wid sing,
An' m' Grunny, she'd bring doon the hoose, daein' the Highland Fling.

Ah weel, them days is lang since past. Oh me, I'm gettin' aul'.
It's affa tae think it's Hogmanay an' naebody's gien's a caall.

'At's niver a knock at my front door! Oh aye, I think it is!
It's Muggie Tait an' Doris Clark, an' is that her quinie Liz?

Am I right gled tae see ye. I wis hopin' you'd come here,
Come in, we'll hae a drinkie now tae a really Good New Year!

Sally's Weddin'

Ida Smith met Betty Clark one mornin' in the toon.
Says Ida Smith tae Betty Clark, "Ye hinna been aroon.

I wis hopin' ye wid come wi' me tae get m' Coopie Divie."
Says Betty Clark, "M' back's 'at sair. I ca' lift on'thing hivy."

"Yer Divie's nae a fortune, yer purse'll nae get laden.
Niver mind now, gies yer cleck - are ye gan tae Sally's weddin' ?"

"Is Sally gettin' mairriet? I niver heard a word!"
"Oh aye! She's getting' mairriet. I'm surprised you hivna heard.

Her divorce come through one Monday, she went oot tae get a drink,
Met this mannie in a pub an' she fell - Hook, Line and Sink.

He's affa nice - aboot six foot three, wi' bonnie sparklin' eyes.
He thinks the world o' Sally - I dinna think he's wise!!

Imagine haein' Sally - six kids - an' terrible at cookin',
And 45 if she's a day! I think his heid needs lookin'!!

Of course it's nae a bed o' roses, he's workin' on a rig.
Awa' twa wiks oot o' three - but still - the money's affa big.

Oh aye, ye widna credit it - they're makin' smashin' money.
Mind you, she's got her hands full there - they a' spik affa funny.

It's acause o' them Americans - oh they're nae the same as us
They weer cowboy hats an' cowboy boots an' they niver tak' a bus.

Ye canna get a taxi on a Friday for a start -
They're full o' Texas oilmen.... or fairmers fae the Mart!

An' hooses - what a problem - oh it's really gettin' bad
Sally's lookin' for a new een for her six kids and her lad

She's hunted roon for ages - she's gan oot the day again
But she canna get een naeplace - they're full up in Rubislaw Den.

Oh aye, she's movin' up the toon - she says it's better for the bairns
Oh Sally's come a lang wye since she wis standin' guttin' herrin's.

Mind you she'll niver change her wyes - well ye ken fit like she is
She winna tak' a tellin' - she's as feel as Untie Liz.

They're gettin' mairriet in the Registr'y - they've already cried the Banns
Their reception is a barbecue - OOT AT BALMEDIE SANDS!!

I say's, "Sally, it's December - we'll a' get soakin' weet!"
She says, "Ida, fin yer mad wi' love - ye dinna think aboot yer feet."

So Betty, dinna worry - if she's nae invited you.
It'll be a right disaster - we'll a' come doon wi' flu.

I'm only gan 'cos Sally's asked me, an' I'm weerin' something swunkie
And of course, as the Bridesmaid, I'm hopin' tae get aff wi' the Best Man -

JIMMY SPUNKIE!!"

Mary's Party
(to the tune of Greensleeves)

I've been an 'oor in Mary's hoose
An' a' I've hid is some orange juice
I've asked for vodka but fit's the use?
She's been bleezin' since early this mornin'.

She phoned me up at the back o' eight
An' she says, "Come on an' we'll celebrate
I've ordered whisky by the crate
Cos I'm 42 in the mornin'."

Now she's lyin' ben in the living room
Cos she canna stand withoot fa'in' doon
She's been in ivery pub in toon
She'll be sick afore the mornin'.

The party started at eight o' clock
But now it's gotten past a joke
Cos the hoose is full o' a hundred folk
That she only met this mornin'.

'Ere's bus conductors an' traaler men
An' a millionaire fae Rubislaw Den
'Ere's a guy that reads the News at Ten
That come up on the plane 'is mornin'.

'Ere's a loon that drives an ice cream van
An' a quine 'at comes fae the Isle o' Man
It's a right disgrace far he's got his han'
She'll be black an' blue by the mornin'.

'Ere's a wifie drinkin' a pint o' gin
And an usherette fae the Odeon
She's deen the strip tae th' accordion
She'll be freezin' caul by the mornin'.

Oh far's m' coat I'm needin' hame
I wish that I hid niver came
Cos m' man's awa' wi' anither dame
Oh I'll murder him in the mornin'

Now me and Mary hiv aye got on
We've shared a laugh and exchanged a moan
But as soon as I find a telephone
I'll hae bobbies on her by the mornin'.

(Hello. Is 'at the Grumpian Police Headquarters?
Good Mornin' I'd like tae report an orgy!)

Last Bus Hame
(to the tune of The Last Blues Song)

Oh I ken yer bleezin' but I'm stood here freezin'
An' I'm needin' hame
If ye keep me waitin', then the bus'll be late an'
Then there'll be a scene
Come on now di' get funny - go'n an' gies yer money
An' we'll get moved aff.
No I'm nae yer mammy or yer Untie Annie
Dinna mak' me laugh
Come on now there's a bobby comin' oot that lobby
I'll report youse baith
He's six feet two an' if he catches you
He'll hae ye scared tae death
Now look it's twelve o' clock an' this is past a joke
Becos I'm needin' fed
Since near 11.30 now, m' sister Gertie's hid m' tea a' made
Ye've got the driver nervous an' the hale bus service
Is disrupted now.
I di' suppose you're carin' but his wife's first bairn's
On its wye right now
Now jist you waatch your langwidge or I'll mak' a sandwich
Oot o' you an' him
'Ere's really nae excuse for giein' sic abuse
I'm gan tae turn youse in.
Ye've got yersel's tae blame, I'm gan tae tak' yer name
An' fin ye next ging oot
Ye'll find that this is gan tae be
Yer last bus hame

Is is absolootly, definitely
YER LAST BUS HAME

The Gatherin' o' the Clan Smith

Bobby and me spent the maist o' last wik organisin' the Gatherin' o' the Clan Smith. It wis murder!

I widna care, it hidna nithin' tae dee wi' us in the first place, we wis jist the innocent victims o' Bobby's ma's insatiable desire tae control an empire. She sent a little loonie roon wi' a note for Bobby tellin' him tae come, urgent. Well, of course, 'at's nithin' unusual 'at. Bobby's ma's een o' the kind that thinks that haein' bairns means yer providin' yersel' wi a lifetime retinue o' servants.

It used tae mak' me mad, but I've given up fightin' wi' her aboot it. She ayewis wins. Ony time I've tell't her aff for haein' Bobby duncin' at her feet, instead o' at mine, she turns on the drama, big time! The han's start shakin', the lips ging intae spasms, the tears floods intae her een and she clutches at her chest, like she's tryin' tae hud it up. Ye can almost see her pittin een o' her feet intae her grave!

"Niver min' Ida," she greets, "I'll be awa' soon enough and then I winna be a chauve tae ye nae mair." It disna seem tae bother her that she's been sayin' that tae me for the past 25 years!

Onywye, fit kin ye dee fin an aul' grunny says that tae ye? Ye jist hiv tae shut up and get on wi' it. So fin the note comes by special delivery, I hands it tae Bobby fin he comes in for his tea, and I says tae him, "Queen Mary's needin' tae see you." (My private nom-de-plume for the Empress o' Victoria Road!)

He says, "Oh no, dinna tell me. Fit's she needin' now? I wis gan awa' doon tae Johnny's for a pint. She must've had me roon there four times this wik already. She's jist comin' the bug now."

"Well," I says, "dinna start greetin tae me aboot it. She's your ma, nae mine, an' like I keep tellin' ye Bobby, ye reap fit ye sow. Ye've ayewis been far too soft wi' her."

He says, "Oh Ida, dee's a favour, dinna start wi' the lectures. I've enough on my plate as it is. I've got a darts match comin' up, I've piles o' stuff tae plant in the allotment, I said I'd dee a homer for the wifie ben the hoose, pintin' her lobby, and I'm run aff m' feet at work, I'm nae Superman."

Well, I could've tell't him that lang ago, as a matter o' fact he's nae even up tae the standards o' Lois Lane. But I thought it best nae tae impart 'at kind o' information. Ye can only push oor Bobby so far!

He says, "I'd better awa' roon and see fits awrang. Dee's a favour Ida, come wi' me, jist in case it's onything serious."

Well, I felt sorry for him then. His ma's definitely gettin' on and when yer folks get past a certain age it's aye at the back o' yer heid that onything could happen tae them. So I gets my coat and aff we go for a royal visitation.

Of course I shouldna hiv bothered. She looked better than the pair o' us put thegither. We get intae her hoose and she's sittin' there a' cosy in front o' a roarin' fire, a shawly roon her shooders, her feet up on the fender, a cup o' tea in one hand and the paper in the ither, checkin' tae see if her horses had come up. Tac say she wis the picture o' health wid be the understatement o' the year.

"Oh, Bobby", she says. "Am I gled tae see you. I've got a rare jobbie for ye."

Well, when she said that I could've cheerfully murdered her. My face must've gien me awa' because she's says, "Now dinna you look like that Ida, you'll enjoy this as weel."

I says, "I'm in a fever o' anticipation. Fit is it this time?"
Well of course, the unavoidable edge in m' voice put her back up. I ken fit buttons tae press wi' Bobby's ma.

"Now dinna get chiky, Ida," she says, gettin' a' huffy, "I widna have asked my son Robert tae come roon if it wisna important."

She ca's him her son Robert fin she wints tae remind me aboot the superiority o' her position compared wi' mine. Accordin' tae her, ye can ayewis change a wife but yer ma's a permanent fixture.

She says, "I've asked ye here Robert because I'm wintin' ye tae book the Marcliffe at Pitfodels for a party."

Well, when she said that I thought we'd hae tae get her teen awa'. Bobby jist aboot drapped deid wi' the shock.

"The Marcliffe? Hiv you gone aff yer heid? I canna afford tae tak' the bus oot there, let alone book it for a party."

"Oh well", she says airily, like basic economics wis too sordid for her tae deal wi', "If it's too dear ye can get a tent put up in the backie, 'at'll dee us fine. I jist need someplace for the gatherin' o' the clan."

"Fit clan?" I says winderin' if it wis really tea in her cup or if she'd been at the advocaat again.

"The Smith Clan, of course", as if she wis referrin' tae the Royal Hoose o' Windsor, "I've jist been readin' aboot the gatherin' o' the Clan Gordon. Well, there's mair o' us than them. We canna let them think that they're ony better than us. We'll hae tae keep oor end up. So jist you awa' and get it seen till Bobby."

And so, having issued her latest dictum, the Chief o' the Clan Smith wint back tae checkin' her horses.

Well, we tried a'thing tae get her tae change her mind. But she wis adamant, and Bobby's ma's adamance is nae a bonny sight, I can tell you.

In the end of course, Bobby caved in. So fit else is new?

"No, no", he says tae me, and ye can see far he gets his stubbornness fae, "If she wints a gatherin' she's gettin' a gatherin' It's nae much tae ask for at her age is it?"

We spent a wik drivin' oorsels intae a state o' exhaustion, hiring a tent, bookin' a band and tryin' tae get the rest o' the clan tae cough up wi' their share o' the money, a feat which required a' the ingenuity o' a mannie fae the Pru!

In the end I hiv tae admit we hid a rare time in the backie. In fact Bobby enjoyed himsel' that much that he wis aff his work for three days.

And we did a nae bad job o' gatherin' the clan. A' the Smiths wis there exceptin' one - Bobby's ma!

In the end she didna come because she said there wis somethin' good she winted tae see on the telly.

I could've swung for her. Instead I kent when I wis beaten and I decided tae give in gracefully. I've had a sign put up above wir muntlepiece:

Bobby's Ma Rules. OK?

Ida's Christmas

Ida Smith met Betty Clark one mornin' on the bus.
"Did ye hae a Merry Christmas? Well yer better aff than us.

'Is festive season's murder, I'm nae gaun through't again
The next time Christmas comes aroon, they'll celebrate on their ain.

'On man o' mine wint oe'r the score, he says, "I tell ye fit we'll dee.
We'll hae a Christmas party" - then he leaves the work tae me.

I cleaned the hoose fae end tae end, I put streamers roon the wa'
I polished a' the lobby stairs, an' the lobby fleer ana'.

I pit up new nylon curtains, an' I waashed the fireside rug,
I borried 30 plates an' cups an' m' Ma's best china jug.

I hunted a' aroon the toon tae get wir Christmas tree
Then we couldna get it through the door - I'd tae cut it up this wee.

I spent the best part o' a wik, cookin' night and noon
I'd enough mince pies an' saasage rolls tae feed a half the toon.

I'd a pot o' soup that biled for days, ye could smell it doon the street.
Oor butcher closed doon early, cos I'd cleaned him oot o' meat

It cost me £6.50 tae let them perm m' hair
I come oot like Shirley Temple - ye'd of thought I'd hid a scare

On Christmas Eve I'm sittin' there, deid tired an' half asleep
Waitin' for the merry throng an' feelin' fit tae weep.

At half past ten I'm still m'sel', wi' the record player gan
I says tae m'sel', "Far's a' the folk? 'Ere's surely somethin'
wrang."

At midnight in comes Bobby, he says, "Now dinna laugh.
Ye'll niver guess fit's happened. I'm afraid the party's aff."

I jist aboot near hut the roof, I says, "Hiv you gone feel?
I'm up tae m' knees in tattie crisps an' salted nuts as weel."

He says, "Now dinna get like 'at - it wis jist a slight mistake,
The kind o' abberation that onyb'dy could make.

I forgot tae post the invites. They're still in the chest o' draa'ers.
An' naeb'd'y can come roon tae us - they're a' at Mrs Marr's".

So Betty, 'at's me finished. I've made it perfect clear,
I'm gan tae m' bed for Hogmanay - I couldna face New Year!

Ida Sans Telly

Me and Bobby wis sittin' transfixed in front o' the telly last Friday night watchin' East Enders, fin suddenly wir 19 inch grinded tae a dramatic halt.

For a coupla minits we sits there contemplatin' life in the black until Bobby finally says, "Is 'at it finished?"

I says, "Oh Bobby, dinna be feel. If you wis prepared tae concentrate on onything mair elevated than yer Carlsberg Special ye wid've realised that so far the Mitchells, plus a'body else on two legs in Albert Square, is still in the depths o' misery and despair.

"I reckon it'll be at least 20 years afore there's ony possibility o' a happy endin', so it's certainly nae finished. Fit we're lookin' at right now is nae the endin' o' the credits but the endin' o' wir telly. Death, as they say, wis instantaneous and there were nae suspicious circumstances, except maybe why ye iver bought it in the first place."

"Oh", he says, "It canna be caput. We've only had it for a year. 'At wid be Highway Robbery if it wis needin' replaced."

"Well", I says, "If yer guarantee covered eternity, I wid agree wi' ye. But since Willie Ross only promised ye nine months tops, I think ye've hid a good run for yer money. Efter an'a' it wis secondhand when ye got it in the first place."

"Aye", he says, "But dinna forget that telly wis rejuvenated by an expert. Willie Ross is jist magic wi' valves. Mind you, he's useless wi' the ootside bits. I tell't him at the time that the woodwork wis affa scratchy."

I says, "Scratchy? Dinna mak' me laugh. I wis black affrontit when ye brought it hame. It's full o' holes that he's covered up wi' sellotape and pinted o'er."

"Ida! Fair's fair. Fit can ye expect for a coupla quid? And ye must admit, that plastic tablecloth covers it up really bonny. Besides, gie it its due, it's worked really brilliant up till now. Niver mind, I'll get Willie roon the morn tae dee a homer on it."

I says, "Bobby, use yer heid. Fit's he gan tae dee till't, gie it the kiss o' life? Ye'll either hae tae cough up for a new een or dee withoot."

"Dee withoot? Are you wise? Fit wye wid we occupy wirsels in the evenin's if we didna hae a telly?"

"Well", I says, "We could try spikin' tae een anither."

"Fit aboot?", he asks suspiciously.

"Onything ye like. Ye used tae spik plenty afore. Naebody could get a word in edgewise fin I first kent you. I mind fin I teen you tae meet wi m' ma and da. They nearly died. M' da says tae me fin ye left, "For god's sake dinna bring that moothie guy hame here again. M' lugs is 'a sair listenin' tae him."

"What a bloody chik! 'At's a laugh comin' fae him. He wisna exactly a conversational genius, wis he? A' he could iver spik aboot wis his doos. If I heard aboot the matin' habits o' the doo once, I heard it a million times."

"Watch it," I says, "Jist dinna you start on my da. He wis a fine mannie wis my da. He lived for them doos, and at least it made a rare change fae you and yer National Service."

"Oh," he says, affa frosty like. "And fit aboot my National Service?"

"Well, ye wisna exactly Field Marshall Montgomery wis ye? As a matter o' fact, I've niver listened tae naethin' sae borin' in my life as the detailed account o' your military career"

" 'At's nae funny, Ida", he says, and I swear tae god his lip wis quiverin', "Ye've touched a sair point there. Quite frankly, I think you should be showin' a bittie mair respect. When a man risks his life for his country he's entitled tae comment on it occasionally, it's only bit nacheral."

"Fit are ye spikin' aboot? Ye spent the hale two years in a cook hoose pisenin' the troops. You wis lucky ye didna get a dishonourable discharge for manslaughter!"

"Oh, aye, it's comin' oot now is it? We're gettin' nasty now, are we? Ten minits athoot the telly and we're seein' you in yer true colours. It's gan tae be murder fae now on isn't it? Deprive you o' yer daily dose o' Phil Mitchell and you'll be screamin' the place doon within twenty four 'oors".

"Oh, is 'at a fact? Fit wye div ye nae pit yer money far yer mou' is then? I dinna ken aboot you but I can easy survive athoot the telly. I've got aboot a million better things tae dee wi' my time."

"Right", he says, "Yer on. I bet ye a fiver ye canna last a wik!"

Well, of course 'at jist made me really mad, and I wis determined tae prove him wrang.

I think I tried nearly a'thing tae occupy my time. I cleaned the hoose 'at much that it wis shinin' like the insides o' an operatin' theatre. Ye could have eaten aff the linoleum. I must have killed ivery germ known tae man and a couplie mair that naebody's heard o' yet.

By the followin' Friday I wis climbin' up the wa'. When I startit readin' the labels on the marmalade jar for something tae dee, and scrubbin' oot the rubbish bucket for the umpteenth time that wik, I decided enough wis enough. There's only so much atmospheric silence and intellectual vacuums that a body can bear. I finally cracked and wint tae the little tea caddy that I keeps under m' bed and teen a fiver oot o' my clubbie money tae pey m' bet wi' Bobby.

I decided total humiliation wis a lot better than gan roon the bend.

Howiver, I wis saved at the last minute by oor loon Jackie. He's been awa' in Benidorm for the last fornight wi' his pals, and as soon as he got back intae the hoose, he says:

"Fit's awrang wi' this place? It's jist like a morgue in here. It's 'at quiet m' ears is ringin'."

"Oh, Jackie", I says, "The telly's broke", and I dinna mind tellin' ye I wis near greetin' when I said it.

Adaptable as iver, Jackie marches o'er tae the telly, switches it on, gies it a terrific thump and up pops Anne Robinson. I nearly collapsed wi' relief.

Half an 'oor later, in comes Bobby, tak's one look and says, "Oh, fandabbydozy. The telly's back!"

"Oh", I says, casual like, withoot turnin' roon, "So it is. I niver noticed!"

The Sulky Dame

Sulky? Aye, she's sulky. She's an affa sulky dame.
Her mou's like nippy sweeties, and her sister's jist the same.
Ye couldna stand tae bide wi' her, ye'd be tearin' oot yer hair.
She kens that naeb'dy likes her, but she says she disna care.

She's jist a little madam. She needs a hot backside
But her Ma could niver handle her, and her Da lets a'thing slide.
Well they've brought it on themsel's that pair; they've jist themsel's tae blame
She rules 'at hoose like Hitler; 'at could be her middle name.

I canna stand the sight o' her and I jist aboot went spare
When Jackie said he'd got a click and it turned oot tae be her.
"Is 'at nae affa?" Bobby says. "He could winch wi' ony quine,
An' Jackie has tae get in tow wi' the Bride o' Frankenstein."

" 'At's nae fair," says Jackie, "She's got an affa bonny face."
"She's got a bonny tongue as weel - she'll pit you in yer place.
Well ye've got yersel' a handful there, so dinna come tae me
When she starts tae turn the screws on ye and ye're wond'rin' fit tae dee."

So Jack wint oot a' huffy, in his best blue denim suit
And he wint straight roon tae 'Misery Guts' and asked her tae come oot.
He took her for a slap up meal, wi' bottles o' champagne,
Then he gets himsel' a taxi and he asks tae see her hame.

They got pit doon ootside her hoose, and they're standin' at the gate
When she says, "Afore we ging inside, we'll jist get one thing straight.
I'm prepared tae let ye tak' me oot and we'll chum aboot a while.
But we're deein' nithin' physical, till ye tak' me doon the aisle."

Oor Jackie nearly had a fit; he's only siventeen,
And the thought o' gettin' mairriet turned his face a shade o' green.
He come runnin' back tae Menzies Road and went tearin' up the stair
and locked himsel' inside his room and he's niver budged fae there.

Well Sulky come aroon next day and asked tae spik tae Jack
But Bobby says, "He's scarpered and he's niver comin' back.
He's got a wife in Rothesay and anither een in Luton.
I'm affa sorry lassie, but ye're better aff withoot him."

She put on a face like thunder and she gave oot sic a skirl
That it scared wir little budgie and made the dog's heid birl.
We were gled tae see the back o' her, but it's sealed oor Jackie's fate.
We're takin' nae mair chunces - He's bidin' celibate!

Carlos
(to the tune of Waiting at the Church)

Now me an' Jimmy use tae ging oot duncin' ivry night
We wis ayewis very happy an' we niver hid a fight
Oh him an' me wis fit ye'd ca', a perfect combination
Till I wint awa' tae Benidorm for my annual vacation.

Now, suddenly, oor relationship's caput
I met a loon ca'ed Carlos an' he asked tae tak' m' oot
I kint fit I'd been missin, fin the pair o' us wis kissin'
An' now we are baith gaun steady.
It's an affa shame, Jim hisna got a chunce,
He'd better find anither quine an' start a new romunce,
Cos I'm giein' up the bingo
Tae perfect m' Spanish lingo
Jist tae please Carlos

I'm nae tae blame if I've gone really feel,
If Jim'd seen a senorita then he'd've changed as weel
Like I says tae my pal Bella,
Once ye've tasted a paella,
Ye canna ging back tae stovies

So I've wint aheid an' I've set m' weddin' date
I'll niver look at Jim again, cos now I've sealed m' fate
Oh his feet's a' sair wi' bunions,
But I like his Spanish Onions,
He's a rare loon is Carlos

(Oh mi Carlos est il hombre mas bayo in toto el mundo.
Ken fit I mean?)

The Office Party

I dinna ken aboot you, but 2001 has bin murder for me, jist a loada sh --, well I winna say it, but ye ken fit I mean.

I finished wi' Kevin last February and since then I've been on a downer like you widna credit. You widna believe the nights I've spent up in my room, greetin' my eyes oot and pickin' my tae nails wi' frustration.

My Da canna stand it.

"For God's sake, Lorraine, get a grip. Ye'll mak' yersel' nae weel."

M' Ma's sympathy reserves are stretched tae their outermost limits. Faced with a domestic crisis she reverts to her usual modus operandi, ie. She blames m' Da.

"This is a' your fault, Tommy", she says. "Ye've spiled her rotten since the day she wis born."

Doon at my Grunny's the atmosphere is slightly mair neutral, but mainly fairly bemused.

"Yer lookin' affa peely wally, Lorraine. Are ye comin' doon wi' something?", says m' Grunny.

She raises her voice to attract my Granda's attention, engrossed as he is in devising a sure fire system tae beat the lottery. (So far he's won zilch).

"Fit dae you think Bobby? Lorraine's nae looking hersel' is she?"

"Fa's Lorraine?" responds Granda, niver lookin' up fae his calculator. "Is it someb'dy we ken'?"

Heid cases tend to run in oor faimily. I'm jist carryin' on a long-standing genetic tradition.

Onywye, fit wi' one thing and anither, I'd really intended giein' Christmas a miss this year, there wis gan tae be no 'ho, ho, ho' for me this yuletide; but that wis before Sylvia got a hud o' me.

Me an' Sylvia's been like *that* ever since we were in Infants thegither. She kept sayin' there wis no way she wis gan through the Christmas Office Party withoot me.

"Are you wise?" she says. "Get real, Lorraine! How can I ging there on my ain? Ye ken fine I ging mental if I dinna hae onybody tae hud on to. I mean, I'd jist die if I had tae ging tae the office party m'sel'. I'd hae a Jamaica. Come on Lorraine, dinna be sae skicy. Onywye, it'll be a rare laugh."

Well of course, I let m'sel' be persuaded. I'm my ain worst enemy like that. If it's a feel thing tae dee, I'll dee it. And believe you me, this wis a really, really feel thing tae dee.

First of a' we arrive late because we spent an 'oor on oor hands and knees in the lavvies lookin' for Sylvia's flashin' chandelier earrings.

"We'll hae tae find them", she says. "My Da gave them tae my Ma for their silver weddin' and she disna ken I pinched them. She'll kill me if she finds oot."

I winna tell ye far they finally turned up but Sylvia had tae spend the rest o' the evening eatin' her mince pies wi' her gloves on in case she got the jandies.

By the time we got intae the party a'body else wis bleezin'.

It started tae go downhill for me as soon as the Personnel Manager made a beeline for me, sookin' his stomach in because he thinks it mak's him look mair like Cliff Richard.

Like as if onyb'dy in their right minds wints tae look like Cliff Richard. But of course, the PM's nae really in his right mind.

"Lorraine", he says breathily, in a voice drippin' pseudo simpatico, like a trainee at Boot's the Chemists.

"I hear you've been haein' affa problems m'dear. Is there onything I can dee tae help? Fit you're needin' is some recreational relaxation. Believe me", he adds solemnly, "I ken fit I'm spikin' aboot," noddin' his heid sagely.

Like as if he'd teen an A level in it.

"Yer young ye see, yer needin' somebody experienced tae help ye sort yerself oot."

Wee drappies o' sliver run doon his double chins when he said 'experienced', and his left eye started tae twitch at sic a rate that I wis affa tempted tae spit in it tae mak' it stop.

However, the sad fact is, he's got me on file and if I dinna keep far in wi' him, then ony little black marks he cares tae put against my name, or ony barbed comments like, 'Poor Lorraine, tries affa hard but jist canna hack it', wid undoubtedly put my illustrious career as a junior telephonist/cum/photocopier, in considerable jeopardy.

As it happens, I find myself on a daily basis contemplating the possibility o' tellin' Ritchie of Ritchie's Engineering Supplies exactly far he kin stuff his plastic coated waater pipes. Unfortunately, economic necessity constantly persuades me to refrain fae chucking in the towel. I hiv tae keep tellin' myself that it's the aforesaid pipes which enable me tae gie my ma 20 quid a week for my board and lodgings, thereby keeping her in fags for 3 days and contributin', in some infinitesimal fashion, tae my Da's efforts tae keep the Sheriff's mannies at bay.

I therefore smile enigmatically at the PM, like I'm nae a' there; like I'm unused to, and untouched by the realities o' this world, like I hinna got enough up top tae ken why a'body in the typin' pool ca's him Herbert the Pervert.

Unfortunately the Little Miss Innocent act disna work. In fact it obviously jist adds fuel tae the flames, because his right eye starts twitchin' as weel.

I can see this conversation is rapidly heading in the direction o' disaster and I am wondering how tae extricate myself when I am saved by the advent of Davie, the Company Medallion Man who promptly spews up a' o'er the PM's imitation Levis.

"Oh my God, Mr Wilson", he gasps. "I'm affa, affa sorry. It must have been that tomato soup I had afore I came oot. I hope I hivna skelt ony on yer new shoes."

Whereupon he promptly removed himself fae a very tricky situation by drappin' unconscious tae the fleer.

Figuring that this was a situation requiring management skills way beyond the capabilities of a junior telephonist, I retreated to the cool and cloistered haven of the Ladies.

Fifteen female staff were queuing up for entry to the cubicles and Myra, the Managing Director's secretary, was weeping noisily into one of the pink wash-hand basins. Her pal Doreen, head of the typing pool, was busy refurbishing her face at the mirror, whilst at the same time offering the distraught Myra the benefit of her counselling expertise.

"I jist canna believe it", sobbed Myra, "He jist looked right through me like he's niver seen me afore. He niver even said hello. And a' because his cow o' a wife wis there."

"Niver mind him, Myra" says Doreen, slapping on the Panstick like it wis cement, "He's nae worth it."

A certain smugness slipped in atween the layers o' the orange cosmetic mask.

"But of course, I did tell ye, didn't I?" This last rejoinder wis delivered in a tone of voice which suggested that the situation wis hurting her far mair than it wis hurting the devastated Myra.

"Niver, niver, niver introduce, 'you know what', intae the employment environment. It's a recipe for disaster. And gettin' aff wi' yer boss is even mair mental. It jist disna work. Believe me, I've been there, deen that and I've got the bruises tae prove it."

"But he said he loved me", hiccupped Myra, her copious tears minglin' wi' the waater fae the tap.

"Oh Myra, **please**, gie's a break. They a' say they love you."

Fifteen heads, the needs of the bladder temporarily forgotten, nodded in unison, each acknowledging a universal truth known to the sisterhood since time immemorial.

"He said he wid promote me tae his Personal Assistant and gie me an extra fiver a week. He said he wis impressed by my secretarial skills." Thus wailed the unfortunate Myra.

Doreen raised her eyebrows to the star dappled ceiling and sighed like a bagpipe tuning up. Fifteen pairs of lungs joined in the chorus.

"Myra", she says patiently, "I'm prepared tae accept that he wis impressed, but I dinna really think it had onything tae dee wi' yer shorthand and typing."

"But he said he winted us tae be a team inside the office as well as oot."

Doreen gazed in the mirror at her red-nosed pal as if this expressed naivety wis beyond belief.

"Are you kiddin'? Myra, get real. Ye've seen his wife, if you and him get up tae ony teamwork she'll hae ye oot o' Ritchie's front door quicker than you can say P45."

"But she's nae even bonny!" countered Myra.

Fifteen pairs of eyes slewed towards Doreen and signalled, 'She's right there!'

Doreen applied her deep crimson lipstick to her pursed lips and patiently delivered a final triumphant, indisputable truth.

"She disna hae tae be bonny, Myra; she jist has tae hae Mrs, in front o' her name."

Fifteen pairs of shoulders sagged as their owners contemplated the Herculean power of the mairried wifie. Would it ever, ever be their turn?

Myra wiped her eyes and drew herself up to her full 5 feet 2 inches.

"Yer right , Doreen. I've been an affa feel. I've jist let him tak' a len' o' me. Managing Director or no Managing Director, he's jist a chuncer like a' the rest o' them. But that's the last. I mean it. Fae now on it's strictly professional between me and him."

She patted her little kiss curls intae place, lifted up her ankle length skirts, and heided for the exit. She poised briefly at the door and a thoughtful expression flitted across her bonny wee face.

"Unless of couse he mak's my raise a tenner a week instead o' a fiver."

Doreen and the queue of fifteen contemplated this prospect for only a second before nodding silently in agreement. Fair enough, their faces seemed to say, efter an' a', business is business and it wis pretty reasonable tae dispense wi' your principles for a tenner a wik.

Ten minutes later I finally got tae the heid o' the queue and relieved myself of the after effects of 2 shandies and a martini.

Sylvia, in what my Da usually describes as the height o' dudgeon, grabbed me as I rejoined the merry throng.

"Come on, we're gan hame", she hissed through clenched teeth.

This wis the best news I'd heard a' evening but it wis, nevertheless, a surprise. Not for nothing is Sylvia known locally as 'Last Bus Hame' Chalmers.

"Fit wye? Fit's up?" I queried, heiding for the cloakroom afore she changed her mind.

" 'At little madam in the Finance office", she says, "Her that dis the payroll slips and canna add two and two, she's jist ruined my night. The humiliation is killin' me."

"Fa? Her wi' the degree in mathematics?"

" 'At's her. She's only gone and put on the same frock as me, same colour, same straps, same polka dots. It's identical except for one thing, its 4 sizes sma'er than mine. I could kill her. She's deen it deliberate. Jist because I pinted oot tae her last wik that 5 plus 4 comes tae 9. Wis there onything wrang wi' deein' that?," she enquired in an injured fashion.

"Efter an'a it's an incontrovertible mathematical absolute which the university apparently neglected tae pass on tae her when she wis studying for her degree. She appears tae have gone through 4 years of higher education under the misapprehension that 5 and 4 mak's 8, thereby knockin' a hale pound aff my wages. Of course she wis furious when I tellt her, but fit wis I supposed tae dee? Mak' on I didna notice? And this is her wye o' gettin' back at me; she's jist a soor mou'ed little bitch."

"She's thin though" I points oot, apropos o' nithing.

Sylvia goes ballistic.

"I ken she's bloody thin", she screams. "The hale Company can sees she's thin. We've a' managed tae get the message. She's a size ten and I'm an exceptionally large eighteen.

"But she still canna bloody coont!"

And oot the door she marches like a sodger on steroids, leaving me tae figure oot how I wis gan tae get myself hame. I wis jist on the point o' phoning my Da and prigging him for a lift hame, even though it wis ten tae one in the morning, fin a familiar voice pipes up behind me and dis affa things tae my blood pressure.

It didna hae a good effect on my temperature either.

"Hello Lorraine. Fit like?"

I turns roon tae find the long lost Kevin, King o' Heartbreakers and Scum o' the Year, gazin' at me wi' a smile that could have lit up Union Street. He appeared tae be blissfully unaware o' the fact that, the last time we'd met, he'd dumped me for a quinie doon the road that wis apparently much mair accommodatin' than me.

My hert started thumping like a stretcher case in Casualty. However, I'm nae as green as I'm cabbage looking. I certainly wisna gan tae let him ken that I wis aboot tae go intae cardiac arrest.

"Oh, Hi, Kevin", I says, cool as a Holburn ice-cream, "I'm jist great, foo's yersel'?"

"Are ye jist on yer wye hame?" he asks, turnin' the smile up tae maximum voltage, "Can I gie ye a lift?"

Well I jist aboot died. I couldna believe it. I'd jist spent 9 months greetin' for Scotland, eatin' my hert oot because o' him and here he wis, nae just giein' me the time o' day but actually giein' me the come-on.

Spik aboot ecstatic! I wis jist aboot tae fling mysel' at his feet fin two things come fleein' intae my heid like bolts o' lightning. First I remembered the smirky look on his face fin he gave me the boot, and secondly I remembered my Grunny telling me that the best place for yisterday's mince wis the bucket.

I looked at this guy who I used tae think wis mair desirable than Brad Pitt, Tom Cruise and George Clooney rolled intae one, and a' I could see wis a great big, greasy plate o' cauld mince. Gads!!

I tell't him fit tae dee wi' his lift and phoned my Da. He gave me hell a' the wye hame but it wis worth it tae be wi' somebody that's ayewis on my side, even when I wauken him up at one in the morning.

I stopped greetin' that night. Isn't it funny how things turn oot?

I think that wis the best office party I've ever been at!

The Bridegroom

I dinna ken fit I'm deein' here. This is murder. It's nae real.

It a' started aboot a month ago. I'm actually still reelin' fae the shock. In fact, tae tell ye the truth I've bin really nae weel. But there ye are, fit can ye dee? 'At's life, i'nt it?

Aboot 4 wiks ago I picked Darleen up fae her ma's as usual, and as soon as I seen the look on her face, I kint there wis trouble brewin'.

I mean, I've been gan oot wi' Darleen now for, fit is it? Must be near 18 months. Incredible when ye think aboot it, ye can get less than that for grievous bodily hairm. I ken that for a fact becos my pal Alec only got 14 months for brakin' a guy's front teeth wi' a heider, an he wis oot in 11 months on account o' good behaviour!

Onywye, as I say, if I've learned onything through clickin' wi' Darleen, it's tae keep m' mou' shut when she's on a downer. 'At's vital becos I can tell ye this, and believe me I'm an expert, when Darleen's in a mood she tak's no prisoners. Ken fit I mean?

So fin I jaloused fit wye the wind wis blawin', 'at wis it. I gets intae the car, keeps m'een glued tae the road and utters not one word. I'm nae feel! I'm a survivor!

Well ye could've cut the atmosphere wi' a machete. It wis murder. M'airmpits wis soakin' afore I got tae the end o' the road. She wis 'at screwed up that, at one point, I actually thought I could see steam risin' fae her heid, but it wis maybe jist that her hair wis affa frizzy 'cos her perm wis growin' oot.

I'm nae kiddin', I jist couldna' stand it. I'd hid a real bucket the night afore becos, well nae reason really, I jist like a good bucket, disn't a'body?

Onywye I'd bin blootered an' I niver feel jist a hundred percent the next day. Nae that I canna hud m' drink. Hey, get real. I'm an alcoholic expert. But it dis get me kinda fragile the next day an' I find I dinna cope sae weel wi' Darleen's hormonal fluctuations.

Well the silence wis deein' m' heid in, so I started tae whistle, - big mistake!

It wis jist nerves, but Darleen's got nae time for nerves, hers is jist like cast iron so there's nae chunce o' ony spiritual comfort like, "come intae m' bosie fits awrang wi' ye" - fae Darleen. She subscribes tae the philosophy o' the survival o' the fittest. So, if ye canna hack the heat wi' Darleen, ye'd better get oot o' the kitchen afore she tak's a tattie knife tae ye.

Onywye, when I started whistlin', 'Pack up Your Troubles in Your Old Kitbag', she went berserk, absolutely mental; we nearly ran intae the back o' the No. 25 bussie, and it's only 'cos I'm a pretty snazzy driver that we're still here tae tell the tale.

"Dinna you dare!"she screams. "Dinna you dare sit there chirpin' like the bloody Bird Man o' Alcatraz, when ye've reduced my life tae mush. If you think I'm lettin' you awa' wi' this ye've got anither think comin', so you'd better start whistlin' anither tune pretty damned quick afore I murder ye!!"

Well, she definitely hid the advantage o' me, 'cos I hidna the faintest idea fit she wis gettin' her knickers in a twist aboot. I mean, takkin' her oot clubbin' once a wik, and sittin' on her Ma's settee ivery Wednesday, waatchin' Coronation Street, hardly constitutes ruinin' someb'dy's life.

So I thought she'd finally flipped. Tae tell ye the truth that widna surprise me neen, because her Ma is definitely a bit o' a nutcase.

"Fit are ye spikin' aboot?" I says, and I will admit my tone could've been described as injured. "Keep the heid Darleen, yer gan o'er the score here."

"O'er the score?" she says, "O'er the score? It's you that's gone o'er the score. Nae only that but ye've hit the bloody jackpot as weel, hivn't ye?"

"Fit are ye spikin' aboot?" I says again, but a bittie slower this time 'cos I wis beginnin' tae pit 2 and 2 thegither and I didna like fit it wis addin' up til.

"I'll tell ye fit I'm spikin' aboot", she says, real clippy like, "Ye've only got me up the spout, hivn't ye? Ye've only got me expectin' the patter o' tiny feet - or mair like the clatter o' size fifteens if you're onything tae go by. Ye big waste o' space, ye canna dee nithin' right, can ye?"

Well fae fit I could gather fae her revelation, it seemed tae me I must have deen something jist perfect, however I didnae let on tae her becos there's a time and a place for the odd witticism, but I figured this wisnae it.

"Are ye sure -----," I starts tae say.

"Aye I'm sure!" she says, and this time she didna look mad, she looked one hundred percent homicidal. "And I'll tell ye anither thing I'm absolutely sure aboot, you and me is aboot tae play mummies and daddies, legal! So ye'd better set a date right now or m' ma says m' two big brithers is gan tae see tae you. Div ye get the picture?"

I not only got the picture, I got it in 3D, Technicolor and Cinemascope. My days wis numbered, unless I got Darleen doon the aisle pronto. So I proposed, kinda.

I'll say this for Darleen one she gets an idea intae her heid she disna hing aboot. The banns wis cried, the church booked, the efter-the-nuptials booze-up mapped oot, and the honeymoon scheduled, afore I had time tae hardly draw breath.

The only een that didna seem tae hae nae say in the matter wis me. I didna appear tae hae ony kind o' starring role in my ain forthcoming production, if ye ken fit I mean.

A' I had tae dee wis turn up on the day, which is why I'm stood here like a feel in front o' the minister, waitin' for Darleen and her da tae mak' it doon the aisle.

The pair o' them is glarin' at me like they'd like tae kill me. Her da's furious because it's costing him a fortune and he blames me for it, which is nae really fair because it wis hardly a solo effort. And Darleen's up tae high doh because she's haein' affa morning sickness and she spewed up a' o'er her white satin shoes afore she left the hoose.

But that's jist minor details compared wi' my main problem.

Once me and Darleen ties the knot, fit am I gan tae tell my wife if she finds oot?!!!

Bad Day at Baillieston

The alarm was knackered and I woke up at 20 past 8 with my hair like shite.

I got in 35 minutes late and Damien was already standing at reception looking like the Avenging Angel. He did his nut when he saw the state I was in.

"Linda, Linda, L-I-I-I-I-NDA!" he yelled, his little kiss curl promenading up and down his bulgy forehead.

"For the love of God, Linda, what are you playing at? We are definitely aesthetically challenged this morning. Are we no'? You're supposed to be a hairstylist darlin'. No' a refugee from a doss house. Do you want to ruin me?"

And he whipped a towel round me and had my head in a basin before I could say get knotted.

The little sod turned the hot water full on me and my scalp felt like a barbecue for the next 10 minutes. Worse was to come - he was so mad he got the scissors out and gave me a Beatle's hair cut - I nearly died. Oh god, it was so Sixties I just wanted tae boak.

"How did you get yourself into this state?" he hissed, snipping away at me like mad. "It's disgusting."

"I was oot wi' pals last night and I met this bloke and I let him see me hame and, och, ye ken whit it's like."

"No, Linda," he says in that poncy way of his, putting on his - 'as God is my witness' voice. "No, I do not know what it is like. When I indulge in a relationship - and as you all know I am exceptionally circumspect in that department - but when I do succumb, I do absolutely nothing without 100% commitment. Commitment, Linda, think on. You're spreading yourself about like butter. It won't do my lady. It will not DO!"

"Niver mind him pet", whispered Matty as she hustled me under the hair dryer, "Speaks a loada balls. My Daddy says he needs sortin'."

He left me under the dryer for 50 minutes - sheer bloody-mindedness. My chewing gum melted with the heat and I looked like a discarded jelly baby when I got out.

Cindy Reid said, "Oh the nice", with a stupid little snicker in her voice that just about drove me mad. I wanted to shove the bleaching brush up her arse but Damien gave me one of his shrivelling looks and said, "You dare!", so I ignored her instead.

She hates ignores, Cindy, it makes her nose run.

I was just getting myself recomposed ready to perm Mrs Gordon when the salon bell went and I looked up to see Jackie marching in with a tread like thunder and a face to match.

Damien was up to him like a shot - a little simpery look on his face and his eyelashes kind of fluttery.

I couldn't see the attraction myself but Damien obviously thought he was a piece of hunk. His hair was greased up into an Elvis style and he was wearing a purple bomber jacket that his Granny had bought him for Christmas. She's heavy into antiquity, his Granny.

"What can I do for you sir?", says Damien, quoting from page three of the John Inman manual.

"I'm needin' a hair cut", grunts Jackie superfluously, "and", glaring at me from under his black quiff, "I want her tae dae it."

Give Damien his due - he got the picture pretty quick - by which time I had him glaring at me as well.

"Linda's just a wee bit busy-like at the moment, but I'd be very happy to do you myself", says Damien hopefully, looking as though he really, really meant it.

Nae chance

"I want her. Got it?" and Jackie plonks himself down on the nearest styling chair and adopts a siege position.

Well, of course Damien makes me switch customers pronto. He's no idiot and he's got a yellow streak through him that's a mile wide to boot.

Mrs Gordon indicated her displeasure with her usual high pitched whine but she turned ecstatic when she discovered Damien was going to do the needful himself.

Stupid old cow. She didn't know what she was letting herself in for - I could have told her he perms rubbish.

I faced Jackie in the mirror. I can look dead cool sometimes when I'm in the mood - and I was definitely in the mood.

"Whit do youse want?" I says, "Haircut wise?"

"A dry trim", he grunts, puckering up his eyes to show he meant business. "And go easy on the scissors."

Given the half jar of Brylcream generously layered all over his hair we were obviously using the term 'dry', very, very loosely. As a matter of fact it was going to be like sculpting margarine.

However, I'm a professional. I took up the scissors and prepared to give him laldy.

"Hey, go easy", says Jackie, beginning to show his nerves, "Dinnae get carried away, I'm wantin' something minimal, OK?"

I tweaked my nose up another two notches and started snipping - real elegant - there's no two ways about it, when I really put my mind to it - I've got class. "Whaur wis you last night?", he sulks, one eye on the scissors and the other eye on me.

"Pardon Moi?", I replies, (Damien's trying to make the salon bilingual.) "Are you addressin' me, because if so, I no comprendez whit the hell it's got tae dae wi' you."

"Come aff it Linda. Cut the comedy. You wis oot wi' somebody else last night, wis you no' ?"

"Too bloody true", I retorts, and my timing was impeccable. "I wis oot wi' quite a number o' somebody's last night as a matter of actual fact. So what? Huv you goat a problem wi' that?"

Well that did it. He went apoplectic. The face goes totally crimson, which was quite enhancing really because it blended in with all his plooks.

"Listen you", he roars, spraying the mirror with spit in the process. Diane was mortified. She'd just given it a good going over with meths.

"Get the **** aff your high horse. You an' me huv been an item for the last 2 years. For god's sake, we're nearly mairriet."

"Oh pull the ither ane", I says, "You must be jist aboot hingin' aff the wa'. We've been aboot as mairriet as the Pope and Michael Jackson. In addition tae which I widnae huv you if I goat awarded you fur supplementary benefit."

The face puckered up again. We were really running the full gamut of Jackie's emotions now - from A right through to A Plus.

"I cannae understand you Linda. I've been bloody good tae you. You huv cost me a fortune. Huv you oany idea how much it costs tae keep you supplied in Baby Chams? You huv developed a real talent for knocking them back. Nevertheless I've provided for you withoot blinkin' an eyelid. And I've behaved impeccable. I huv niver once two timed you."

Well now, it was my turn to lose the heid. I hate being treated as if I've just come up the Clyde.

"No", I says, "You're right there, I canna fault you on that, ye've niver two-timed me. I wid say it wis mair like 20 or 30 timed me."

"Whit are you talkin' aboot? That is a bloody lie. Name one. Gie me the time, the place, and the person. You name one occasion when I huv goan aff the rails in the course o' oor relationship."

"I niver kept a bloody timetable", I yelled, my decorum flying out the window. "I'm no' ****** British Rail!"

By now I could see out of the corner of my eye that Damien was looking distinctly uneasy, doubtless because the richly descriptive words we were using failed to constitute the kind of second language he had in mind for his new Euro Salon.

In addition, I had had enough. Intellectual debate is OK in its place but its an unsatisfactory substitute for blood.

So I lifted the clippers and mowed through his coiffure like I was auditioning for the Beechgrove Garden.

I still don't know why I did it.

Well, actually I do. It was what my Mammy calls a sudden onslaught of evil. She's got a lovely turn of phrase my Mammy. My Daddy's more down to earth. He just says I'm a bad bitch - period.

At any rate the clippers had reached mid way across the crown of Jackie's head when he let out a scream that made Damien choke on his Gaviscon.

Well he was entitled. I'd done a really good job. Matty said afterwards that he looked almost noble - like one of those chiefs in Kevin Costner's Indian film. Me, I'd have thought he was more castable as one of the bison - but there you go. There's just no accounting for taste.

Either way it was pretty obvious to everybody that Jackie wasnae wantin' to be in Kevin Costner's film. All he wanted was his hair back. Tough shit on Jackie. Unfortunately for him it was now clarted all over my stilettos. Have you ever tried to get Brylcream off suede?

Dinnae bother. Disnae work.

At that point Diane floated by in her usual dwam. Diane's our Saturday assistant, which means that she's an extremely helpful bampot. Not having been privy to what had gone before, (having been scouring Baillieston for two French eclairs for Damien's fly cup), Diane's summing up of the situation was slightly off the mark.

Switching to her 'helping the client' mode and turning on a smile that could peel tatties, she breezes over, lifts up the handmirror and helpfully holds it up so that Jackie can see the full effect of his new reverse Mohican.

Naturally he went berserk. His hair is a key element in Jackie's personal religion - he practically worshipped the quiff in the front.

Mattie undoubtedly saved my life. She turned out to be a revelation. Seems she's been training in something Oriental. She ended up grappling with him on the floor and she was definitely winning. My theory is that her fervour was due to the fact that she was unavoidably enjoying the body contact. And from where I was standing, so was Jackie.

Damien was so traumatised he headed straight for the toilet and stayed locked in there for the next half hour. For some reason Damien's distress is always powerfully focussed on his bladder.

One lady fainted; another one developed such a panic in her breistie that her bra burst. She's a 48D, so with all that agitated heaving it was an accident waiting to happen.

Another regular, who is a chancer par excellence, immediately demanded that she got her cut and blow dry free, gratis and for nothing, on account of the acute mental anguish she had suffered. (Damien never forgave her. After his bladder, his next most potent centre of distress is definitely his pocket. As a punishment, she was cut out of the Christmas Eve appointment list - permanent. You only cross Damien once!)

Unfortunately, somebody phoned the police and two of them came screeching up in a Panda within five minutes. Trouble was, one of them was Dracula, nicknamed thus because he always goes for everybody's jugular.

I knew the game was up as soon as I saw him. He takes no prisoners, Dracula.

He waltzes in slow and quiet, with this, 'Now, now, what have we here?', look on his face. He likes to make on he's Dixon of Dock Green, and that he really loves his Mammy; that he's kind to children and animals; and that only an accident of fate prevented him from becoming a social worker. The place went dead quiet. Everybody knows Dracula. Cindy started snivelling - well, she would, wouldn't she?

I noticed Mrs Gordon take the pairs of knickers she'd pinched from Marks and Spencer's that morning and shove them up her jumper. Top marks for initiative, Mrs G!

Me, I adopted an attitude of innocent nonchalance - but I had two escape routes already mapped out in my head in case of emergency.

Dracula made a beeline for Jackie who was still lying on the floor, straddled by the over excited Matty.

"Well, well, well", he says, tipping his hat back on his head to show that there was nothing formal about this. "Well, well, if it's no' Jackie Anderson. Long time no see, Jack. When did ye get oot?"

Well even I thought that was bloody unfair. God Almighty, it's been 5 years since he was in Barlinnie. Talk about give a dog a bad name!

"Aw gie's a break, Drac.", says Jackie, wiping a tear from the corner of his eye, "I'm the bloody victim here. She's just assaulted me. I could be disfigured for life. She's wantin' put away that yin. She's a danger to society. I'm pressin' charges."

At that point Jackie lost my sympathy vote. "Go get him, Dracula", I prayed, sotto voce, "Put him inside for life."

At the same time I tried to make myself look as inconspicuous as possible, no easy task when you're 5ft 7 ins and built like Dolly Parton. Unfortunately, Dracula has eyes in the back of his head. Either that or he's got a radar system screwed into his hat.

He swiveled round quick, as if he expected me to disappear at any minute. I would have too, only by this time 4 clients were blocking the doorway and dripping shampoo and setting lotion all over Damien's Italian ceramic tiles.

I gave Dracula the full benefit of my considerable charms, including the half a dozen perfectly formed teeth that my Daddy paid for out of his redundancy money. He should have opened a chip shop instead, my de-luxe molars were wasted on Dracula.

"Well?", he enquires, looking me up and down as if he was measuring me to see if I'd fit into a cell, "What huv you goat tae say for yourself?"

As a general rule of conduct, I always think, when in doubt, lie. So I did.

"I dinnae ken whit he's talking aboot, honest tae God, I don't. I'm innocent. I niver done nothin'. Ma clippers jist ran away wi' me. It's his own bloody fault. His heid's like an ice rink, it's clarted wi' Brylcream, and the clippers jist skited oot o' my haun. He should

be black affronted sayin' things like that aboot me. It's me that should be pressin' charges. His heid should cairry a Government Health Warnin'!"

What happened next was my own fault really. I should never have cast aspersions on Jackie's hair, it's too big a trigger point for him. Let's face it, I pushed a button too far. He went into instant replay and we had another 5 minutes of repeat pandemonium. Even Dracula went down for the count twice.

When order was finally restored, Jackie limped off home a broken man. As far as I was concerned it served him right. He'd screwed me once too often. Correction, he'd screwed about 32 of my pals once too often.

That's right, I did keep a timetable.

Me of course, I was charged, but I made sure it was the young plod with the dimples that took down my particulars. I co-operated to the full, I gave him my telephone number as well. I've got high hopes of that one!

I was eventually fined £200 and ordered to do 150 hours of community service. My Mammy says I ought to be downright ashamed of myself.

I am.

Tell you what though, it was bloody worth it!